AF499934

DE L'OCCUPATION

COMME MODE D'ACQUISITION

DE LA PROPRIÉTÉ

EN DROIT DES GENS

PAR

Louis HUŸN DE VERNÉVILLE
DOCTEUR EN DROIT

NANCY
IMPRIMERIE DE RENÉ VAGNER

1892

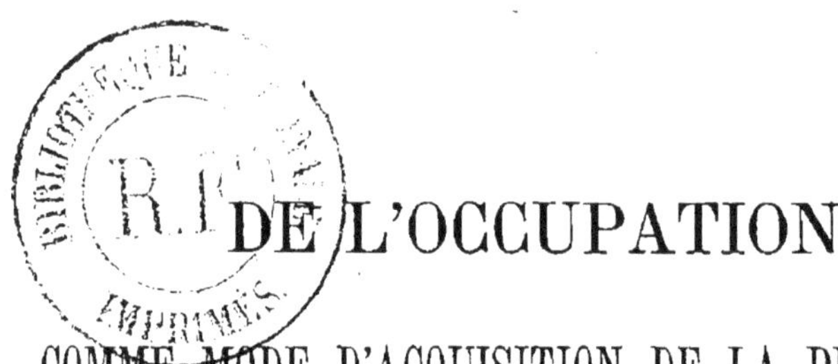

DE L'OCCUPATION

COMME MODE D'ACQUISITION DE LA PROPRIÉTÉ

EN DROIT DES GENS

NANCY, IMPRIMERIE DE RENÉ VAGNER

DE

L'OCCUPATION

COMME MODE D'ACQUISITION

DE LA PROPRIÉTÉ

EN DROIT DES GENS

PAR

LOUIS HUŸN DE VERNÉVILLE
DOCTEUR EN DROIT

NANCY
IMPRIMERIE DE RENÉ VAGNER

1892

BIBLIOGRAPHIE

AVALLE. — Notices sur les colonies anglaises. Paris, 1883.

BANCROFT. — Histoire des Etats-Unis. Paris, 1861-1864.

BANNING. — Le partage politique de l'Afrique (1885-1888). Bruxelles, 1888.

BEACH LAWRENCE. — Commentaire sur Wheaton. Leipsick, 1869.

BLÜNTSCHLI. — Le droit international codifié. Traduction C. Lardy, 4e édition. Paris, 1886.

BYNKERSHŒK. — Opera Omnia. Lugduni Batavorum, 1767.

CALVO — Le droit international théorique et pratique, 4e édition. Paris, 1888.

CARNAZZA-AMARI. — Traité de droit international public en temps de paix. Traduction Montanari-Revest. Paris, 1880.

CAUCHY. — Droit maritime international. Paris, 1862.

DE CLERCQ. — Recueil des traités de la France.

DUMONT. — Corps universel diplomatique du droit des gens. Amsterdam et La Haye, 1726-1731.

ENGELHARDT. — Etude sur la déclaration de la Conférence de Berlin relative aux occupations (Revue de droit international, t. XVIII). — Rapport adressé au ministre des affaires étrangères (Livre Jaune, 1885).

PASQUALE FIORE. — Nouveau droit international public. Traduction Charles Antoine, 2e édition. Paris, 1885.

PASQUALE FIORE. — Le droit international codifié. Traduction A. Chrétien. Paris, 1890.

GROTIUS. — Le droit de la guerre et de la paix. Traduction Jean Barbeyrac. Amsterdam, 1778.

HEFFTER. — Droit international public de l'Europe. Traduction C. Bergson. Paris, 1866.

HEIMBURGER. — Der Erwerb der Gebietshoheit. Karlsruhe, 1888.

JANNET. — Histoire des Etats-Unis. Paris, 1877.

KLÜBER. — Droit des gens moderne de l'Europe, 2e édition. Paris, 1874.

LIVRE JAUNE. — Affaires du Congo et de l'Afrique Occidentale, 1885.

G.-F. DE MARTENS. — Précis du droit des gens moderne de l'Europe. Paris, 1858.

F. DE MARTENS. — Traité de droit international. Traduction A. Leo. Paris, 1883. — La Conférence du Congo à Berlin et la politique coloniale des Etats modernes (Revue de droit international, t. XVIII).

CH. DE MARTENS ET DE CUSSY. — Recueil manuel et pratique de traités. Leipsick, 1846-1857. Continué par Geffcken.

NOLTE. — Histoire des Etats-Unis d'Amérique. Paris, 1879.

NUGER. — Droits de l'Etat sur la mer territoriale. Paris, 1887.

NYS. — Les publicistes espagnols du XVIe siècle et les droits des Indiens (Revue de droit international, t. XXI).

ORTOLAN. — Des moyens d'acquérir le domaine international. Paris, 1851.

PINHEIRO-FERREIRA. — Cours de droit public interne et externe, Paris, 1830-1838.

PRADIER-FODÉRÉ. — Droit international public. Paris, 1885.

PUFENDORF. — De Jure Naturæ et Gentium. Amsterdam, 1688.

RAYNAL. — Histoire philosophique et politique des établissements et du commerce des Européens dans les deux Indes. La Haye, 1774.

ROUSSET. — Supplément au Corps diplomatique de Dumont.

SCHŒLL. — Histoire abrégée des traités de paix entre

les puissances de l'Europe depuis la paix de Westphalie. Paris, 1817.

SELOSSE. — L'affaire des Carolines. Paris, 1886.

C. VON STENGEL. — Die staats-und volkerrechtliche Stellung der deutschen Kolonien. Berlin, 1886.

C. VON STENGEL. — Die deutschen Schutzgebiete. München und Leipzig, 1889.

SIR TRAVERS TWISS. — Le droit des gens. Paris, 1887.

VATTEL. — Le droit des gens. Annotations de Pinheiro-Ferreira, édition Pradier-Fodéré. Paris, 1863.

WHEATON. — Histoire du progrès du droit des gens. Leipsick, 1853.

WHEATON. — Eléments du droit international. Leipsick, 1864.

WOLFF. — Institutions du droit de la nature et des gens. Edition Elie Luzac. Leide, 1772.

Mémoires des commissaires du Roi et de ceux de S. M. britannique sur les possessions et les droits respectifs des deux couronnes en Amérique. Paris, 1755.

Rapport au Conseil supérieur des colonies sur la question des Compagnies de colonisation, 1891.

PÉRIODIQUES

Annales de l'Ecole libre des sciences politiques.
Annuaire de l'Institut de droit international.
Archives diplomatiques.
L'Economiste français.
Journal du droit international privé.
Revue de droit international et de législation comparée.
Revue de géographie.
La Vie politique à l'étranger (Lavisse).

INTRODUCTION

Suivant que l'on considère un Etat dans ses rapports avec les citoyens, ou dans ses rapports avec les autres puissances, les droits qu'il exerce sur son territoire sont de nature très diverse.

Envisagé sous le premier aspect, l'Etat peut d'abord être propriétaire au même titre qu'un simple particulier. C'est ainsi que dans notre législation, l'art. 713 du Code civil lui attribue les biens vacants et sans maître, et l'art. 768, les successions en déshérence. Ces biens constituent son *domaine privé*, il en perçoit les fruits et il en a la libre disposition. Par opposition au domaine privé, on appelle *domaine public* l'ensemble des biens qui sont affectés à un usage ou à un service public ; l'Etat exerce à leur égard plutôt un droit d'administration et de surveillance qu'un véritable droit de propriété : ils sont inaliénables et imprescriptibles. Rentrent dans cette catégorie : les routes nationales, les rivages de la mer, les fleuves et les rivières navigables, les murs, fossés, remparts des places de guerre, etc. (1). Enfin, l'Etat jouit sur tous les biens de ses sujets d'un droit connu sous le nom de *domaine éminent*. Cette expression n'a plus, à l'heure actuelle, le même sens qu'au temps de la féodalité et de la monarchie absolue. Elle signifiait alors que l'Etat était réellement propriétaire du territoire dans

(1) Art. 538 et 540, C. civ.

toute son étendue, et qu'il en concédait seulement la jouissance à ses sujets (1); aujourd'hui, ces mots *domaine éminent* signifient simplement que l'Etat exerce sur tous les biens territoriaux un pouvoir supérieur de juridiction et de législation. « Le *domaine éminent*, écrit Pradier-Fodéré, ne confère pas, en effet, à l'Etat le pouvoir de disposer des choses qui appartiennent à des particuliers ou à des personnes morales; il l'autorise seulement à soumettre l'exercice du droit de propriété aux restrictions commandées par l'intérêt général, à exiger du propriétaire le paiement de l'impôt et à lui demander pour cause d'utilité publique le sacrifice de sa propriété, moyennant une juste et préalable indemnité » (2).

Envisagé sous le second aspect, dans ses rapports avec les autres puissances, l'Etat possède vis-à-vis d'elles, sur le sol qu'il occupe, un double droit : droit de domaine, *dominium;* droit d'empire, *imperium*. Le *dominium* lui permet d'exclure tous les autres Etats de l'usage et de la jouissance de son territoire; l'*imperium* lui donne, sur ce même territoire, un droit de juridiction et de commandement, auquel nul autre que lui ne peut prétendre. C'est la réunion de ces deux éléments qui constitue la *propriété internationale*, expression que certains auteurs ont critiquée (3).

(1) Telle est la doctrine de Grotius, Pufendorf et Vattel, c'est dans ce sens qu'ils attribuent à l'Etat un *haut domaine* ou *domaine éminent*, aux particuliers un *domaine utile* seulement.

(2) *Dr. Int. public*, tome II, § 609.

(3) Carnazza Amari, *Traité de Dr. Int. public en temps de paix*, tome II, chap. VII, § 1. — Pasquale Fiore. *Nouv. Dr. Int.*, tome II, § 839.

Ils semblent craindre qu'elle ne perpétue de nos jours l'idée fausse qui faisait considérer jadis le territoire comme le patrimoine du souverain; aussi Pasquale Fiore propose-t-il de lui substituer celle de *possession internationale*. De tels reproches ne sont pas fondés; le principe que l'Etat n'exerce aujourd'hui sur les biens de ses sujets qu'un droit de juridiction est trop clairement établi, pour qu'aucune confusion puisse se produire. Le mot propriété a de plus l'avantage de mieux préciser la nature du droit que l'on reconnaît ici à l'Etat : droit absolu et exclusif; le mot possession ne renferme pas la même énergie (1).

La propriété internationale n'est qu'un fractionnement de la souveraineté (2); celle-ci, en effet, rend un Etat indépendant, non seulement à l'égard de son territoire, mais encore en ce qui concerne ses relations extérieures ; elle lui per-

(1) Ortolan fait parfaitement ressortir cette analogie de caractère entre la propriété privée et le domaine international. Après avoir établi que le droit de propriété, à la différence du droit de créance, engendre une obligation générale de s'abstenir qui pèse sur tous, il conclut : « Toutes ces observations sont exactement applicables au domaine international ou propriété d'Etat à Etat. Ce droit dans le sens que nous venons d'expliquer est un droit absolu, un droit réel. Il ne consiste pas dans un rapport spécial de créancier à débiteur, entre une nation et une autre, il consiste dans une obligation générale qui pèse sur toutes les nations, obligation toute passive, toute d'inertie, savoir : celle de respecter l'action de chaque peuple sur son territoire et de n'y apporter aucun trouble, aucun obstacle. » *Domaine intern.*, p. 19.

(2) Aussi subit-elle les mêmes vicissitudes que le droit de souveraineté. C'est ainsi qu'elle n'existera plus dans toute sa plénitude chez l'Etat mi-souverain. Ne pouvant conclure des engagements avec les autres Etats, sans l'autorisation de la puissance supérieure, il ne pourra sans cette même autorisation aliéner une portion de son territoire.

met notamment de conclure des traités avec les autres puissances. On emploie cependant le mot souveraineté comme synonyme de propriété internationale, mais pour bien montrer qu'on n'envisage alors que les droits de l'Etat sur son territoire, on ajoute *souveraineté territoriale.*

On peut ramener à quatre les modes d'acquérir la propriété en droit des gens : l'occupation, l'accession, la cession et la prescription.

Nous ne mentionnons pas dans cette énumération le jugement arbitral qui, dans quelques hypothèses assez rares en pratique, peut aussi constituer un titre de propriété. Supposons par exemple le cas suivant : deux Etats, désirant modifier leurs frontières et procéder à une nouvelle délimitation de leur territoire, nomment à cet effet un arbitre, avec pouvoir d'opérer entre eux les cessions nécessaires pour fixer les limites d'une manière plus convenable. On peut voir dans la sentence arbitrale qui interviendra un cinquième mode d'acquérir la propriété. En enlevant à l'une des puissances une partie de son territoire pour l'attribuer à l'autre, l'arbitre crée un droit nouveau, et le jugement arbitral est translatif de propriété. Mais, nous le répétons, la question n'offre guère d'intérêt qu'au point de vue théorique et on rencontre bien peu d'exemples d'une telle plénitude de pouvoirs conférée aux arbitres. Tout autre serait le cas très fréquent, où deux Etats en contestation sur une parcelle de territoire, dont ils revendiqueraient chacun la propriété, s'en remettraient pour trancher leur différend à la décision d'un arbitre. Ici, la sentence arbitrale ne créerait pas un droit nouveau, elle ne ferait que proclamer un droit préexistant, et l'Etat, en faveur duquel le litige serait tranché, ne tiendrait pas du jugement son droit de propriété.

Quelques auteurs — c'est l'exception — ne considèrent pas la prescription comme un titre légitime d'acquisition (1). Nous n'examinerons pas les débats auxquels la question a donné lieu, ce qui sortirait entièrement du cadre de notre sujet, nous nous rallions, pour notre part, à l'immense majorité des auteurs qui admet la prescription. Si en effet l'Etat, qui a possédé pendant un temps immémorial tel ou tel territoire, pouvait être exposé à une revendication, il n'y aurait pas de paix durable. On verrait se multiplier les conflits internationaux, et par cela même les guerres qui en sont trop souvent le seul dénouement. « La carte de l'Europe, dit M. de Neumann, serait sans cesse à refaire. » Admise dans toutes les branches du droit, la prescription doit l'être aussi en droit des gens, car elle nous semble conforme au droit naturel, l'une des sources principales d'où découle le droit des gens.

De ces quatre modes d'acquérir, l'occupation fera seule l'objet de notre étude. Après quelques

(1) Rejettent la prescription : Klüber, *Droit des Gens moderne de l'Europe*, § 125. — G.-F. de Martens, *Précis du Dr. des Gens*, tome I, § 70. — Admettent la prescription : Grotius, *De Jure Belli ac Pacis*, liv. II, chap. IV. — Pufendorf, *De Jure naturæ et gentium*, liv. IV, chap. XII. — Vattel, *Dr. des Gens*, liv. II, chap. XI. — Wheaton, *Elém. de Dr. Int.*, tome I, chap. IV, § 3 et 4. — Pinheiro-Ferreira, *Cours de Dr. public int. et ext.*, tome II, § 25. — Ortolan, *Le Domaine intern.*, § 171 et suiv. — Heffter, *Dr. intern. public de l'Europe*. — Blüntschli, *Dr. intern. codifié*, art. 290. — Sir Travers Twiss *le Dr. des Gens*, chap. VIII, § 128 et 129. — De Neumann, *Elém. du Dr. des Gens mod. européen*, chap. II, § 18. — Calvo, *Le Dr. intern. théorique et pratique*. tome I, liv. V, § 265.

notions générales, nous examinerons successivement les diverses conditions de validité de l'occupation, et tout particulièrement les règles édictées sur ce point par les articles 34 et 35 de l'*Acte général* de la Conférence de Berlin, relativement aux prises de possession sur les côtes d'Afrique. Passant ensuite à l'étendue et aux effets de l'occupation, nous exposerons, à ce sujet, la doctrine de l'*Hinterland* qui a servi de base aux récentes conventions entre l'Angleterre d'une part, la France, l'Allemagne et le Portugal de l'autre, touchant la délimitation de leurs possessions africaines. Nous terminerons ce travail en examinant le rôle joué, en matière d'occupation, par les Compagnies de commerce, agissant soit comme mandataires d'un Etat, soit en qualité de gérants d'affaires.

Il nous a paru tout à la fois plus clair et plus intéressant de mêler la partie historique à la partie théorique, et d'étudier à propos de chaque question les conflits internationaux qu'elle a pu soulever et les solutions intervenues.

CHAPITRE I.

NOTIONS GÉNÉRALES

L'occupation, en droit des gens, peut être définie : l'acquisition par un Etat, en vertu d'une prise de possession effective, d'un territoire susceptible de faire partie du domaine international et qui n'appartient actuellement à aucun Etat.

L'occupation est donc un mode d'acquérir originaire, elle a pour objet une *res nullius*, c'est là son caractère essentiel et qui ressort tout d'abord de cette définition. A la différence de la cession et de la prescription, modes d'acquérir dérivés, elle a pour effet d'agrandir le domaine international d'un Etat sans que le territoire d'aucune autre puissance ne soit en même temps diminué. En un mot, il y a acquisition sans aliénation.

Mais le mot occupation est pris quelquefois dans une acception absolument différente de celle que nous venons de donner, et l'occupation, telle qu'on l'entend alors, ne rentre pas dans notre étude. Il suffit, pour s'en convaincre, de passer rapidement en revue les deux hypothèses suivantes.

I^e Hypothèse. — Deux puissances étant en état de guerre, celle que le sort des armes favorise envahit une partie du territoire ennemi. Il y aura bien là une occupation, une prise de possession ; mais cette occupation, que l'on a appelée *occupatio bellica*, si elle est une conséquence nécessaire des hostilités, si elle n'est pas absolument dépourvue de tout effet juridique, n'en reste pas moins l'œuvre de la force et impuissante par elle-même à faire naître au profit de l'envahisseur un droit de propriété. En fait, le vaincu ne peut plus exercer sa souveraineté sur le pays envahi ; en droit, elle continue toujours de lui appartenir. Mais après avoir tenté tous les efforts qu'il a jugés possibles pour reprendre cette partie de son domaine, il se résigne à l'abandonner à son adversaire plutôt que de prolonger la lutte, celui-ci en deviendra alors légitime propriétaire ; seulement son droit de propriété dérivera non de l'occupation, mais du traité de paix intervenu et portant aliénation du territoire envahi. Nous rentrons donc dans le cas d'acquisition par cession ; l'occupation n'a pu avoir ici d'autre effet que de servir de cause à la translation de la propriété.

D'après Blüntschli, l'*occupatio bellica* aurait cependant dans certains cas le pouvoir de faire acquérir la propriété, quand cette prise de possession violente est rendue nécessaire par la formation d'un grand Etat national. Peu importerait que le spolié ne ratifiât pas dans la suite cet envahissement par une cession régulière, le consentement des habitants suffirait, et encore pourrait-il n'être que tacite (1). C'est là une doctrine dangereuse et qui a conduit en pratique aux actes les plus iniques ; aussi est-elle rejetée par l'immense majorité des publicistes.

IIe Hypothèse. — Une puissance a stipulé à son profit, dans la conclusion d'un traité de paix, certains avantages, par exemple le paiement d'une somme d'argent. Il a été de plus convenu qu'elle aurait le droit d'occuper une partie du territoire de son débiteur comme garantie de ce paiement. Nous nous trouvons ici en présence d'une occupation bien différente de l'*occupatio bellica* ; celle-ci ne reposait que sur la force, celle-là dérive d'un traité et par conséquent

(1) *Dr. int. codifié* art. 288.

repose sur un droit. Elles ont cependant un point commun : toutes deux sont inhabiles à engendrer un droit de propriété. Dans cette seconde hypothèse, il est à peine besoin de le faire remarquer, car cela résulte du but même de l'occupation, qui n'est qu'une simple mesure de garantie. Non seulement elle n'enlève pas au débiteur sa souveraineté sur le territoire occupé, mais elle n'en suspend même pas l'exercice (1).

En résumé, seule l'occupation, qui correspond à la définition que nous avons donnée, doit être considérée comme un mode d'acquisition du domaine international. Si on l'oppose à l'*occupatio bellica*, on peut l'appeler *occupation pacifique*, car ayant pour objet une terre vacante et sans maître, elle n'amènera jamais la puissance occupante à léser les droits des autres Etats.

Ceci posé, ce genre d'occupation offre-t-il à l'heure actuelle autre chose qu'un intérêt purement théorique?

Dans ses annotations sur Vattel, Pradier-Fodéré s'exprimait ainsi en parlant de l'occupation : «... ce qu'il y a de certain, c'est que plus on avance dans la civilisation, moins il se trouve de choses sans maître, et par conséquent plus ce mode d'acquérir perd de son importance. *La conquête et la cession sont à peu près de nos jours les seuls modes de conférer à un Etat la propriété d'un territoire* » (2). Depuis le jour où l'éminent jurisconsulte écrivait ces lignes, bien des événements ont surgi, qui sont venus modifier

(1) Comme exemple d'occupation à titre de garantie, on peut citer l'occupation par l'Allemagne d'une partie du territoire français après la guerre de 1870. Elle était destinée à assurer le paiement de l'indemnité stipulée par le traité de Francfort.

(2) Vattel, *Dr. des gens*, tome I, chap. XVIII, note sur le § 207.

ses appréciations sur ce point (1). Sans doute il ne reste plus aujourd'hui de contrées à découvrir dans le sens propre du mot, mais la découverte, nous le verrons, qui n'est pas suivie d'une prise de possession effective n'enlève pas au territoire son caractère de *res nullius*, et il existe encore assez de régions inexplorées pour offrir un vaste champ à l'occupation.

L'Amérique a été pendant plus de trois siècles le but vers lequel se sont dirigés tous les efforts commerciaux, toutes les visées aventureuses. Après la découverte du Nouveau-Monde, les nations européennes se sont précipitées sur ces pays nouveaux où elles croyaient puiser de grandes richesses. Les découvertes, les prises de possession qui s'accomplirent alors, ont soulevé entre les peuples des questions importantes sur les conditions de légitimité et sur les effets d'une première occupation territoriale. Aujourd'hui l'Amérique est fermée à la colonisation, le bill Mac-Kinley l'a même pour ainsi dire fermée aux opérations commerciales, et cependant ces questions n'ont rien perdu de leur intérêt. Les Etats européens ont reporté sur l'Afrique l'activité colonisatrice qu'ils ne pouvaient plus déployer en Amérique, comme il nous sera facile de le constater, en jetant un coup d'œil sur les principales acquisitions réalisées par les puissances coloniales sur le sol africain, depuis la seconde moitié de notre siècle (2).

La France, en 1854, n'occupait encore au Sénégal que quelques territoires très restreints, pour lesquels elle payait un tribut aux chefs indigènes. Aujourd'hui, ses possessions s'étendent, à l'intérieur, de Saint-

(1) *Droit int. public*, tome II, § 786.

(2) Dans cette énumération nous nous arrêtons aux traités de 1890 qui seront étudiés plus loin.

Louis au Niger, et le long de la côte, du cap Blanc à la Mellacorée, sur une superficie égale à celle de l'Algérie (1). Dans le golfe de Guinée, elle possède la côte de l'Ivoire et une partie de la côte des Esclaves. Grâce au concours d'explorateurs dévoués, et notamment de Savorgnan de Brazza, ses comptoirs du Gabon se sont transformés pour devenir l'importante colonie du Congo (2). Sur la côte orientale elle a placé sous son autorité Obock (1862) et Sagallo, deux points qui présentent un intérêt considérable au point de vue commercial, car ils servent de débouchés aux pays du Harrar et du Choa. Son protectorat enfin a été proclamé sur Porto-Novo (1878), sur la Tunisie (1881), sur Madagascar (1885).

La force de l'Angleterre réside dans ses colonies, et son rang de grande puissance européenne ne peut se maintenir qu'à la condition pour elle de rester maîtresse des routes et marchés du monde; plus que toute autre nation, elle devait donc diriger ses efforts vers l'Afrique. A sa colonie du Cap elle a annexé la terre des Bassutots, d'importants districts de la Cafrerie restés indépendants jusqu'en 1876, la province du Grinqualand occidental (3), enfin le Bechuanaland et le pays de Khama, ce qui l'a conduite jusqu'au Zambèze; à sa colonie de Natal elle a annexé le Zoulouland. Elle a doublé ses établissements de la Côte-d'Or par l'abandon que la Hollande lui a fait de ses droits sur ce point de l'Afrique (1871), abandon qui

(1) V. *Annales Sénégalaises* de 1854 à 1885.

(2) V. dans de Clercq, *Recueil des Traités de la France*, tome XIV, le traité passé entre Savorgnan de Brazza et le roi Makoko le 3 oct. 1880, ainsi que les nombreux traités de cession ou de protectorat entre la France et les chefs indigènes de 1883 à 1885.

(3) Avalle : *Notices sur les colonies anglaises.*

fut suivi de la guerre contre les Achantis (1). En 1861, l'Angleterre s'établit définitivement à Lagos, et plus tard sur le Bas-Niger et la Benoué. Sur la côte orientale, ses acquisitions ne sont pas moins considérables ; la charte octroyée par le gouvernement à la *British-East african Association* (3 sept. 1888) a placé officiellement, sous la domination britannique, tout le pays exploité par cette société entre les rivières Wanga et Tana (2). Maîtresse d'une partie de la côte des Somalis, l'Angleterre n'attend plus que l'occasion favorable pour proclamer son protectorat sur toute l'Egypte.

Le Portugal, de son côté, n'a cessé de lutter pour faire reconnaître en Afrique ses droits historiques ; ses efforts ont eu principalement pour but d'agrandir et de relier ses deux importantes colonies d'Angola et du Mozambique. Mais l'exécution de ce plan devait être entravée par les prétentions rivales du gouvernement anglais, et amener entre les deux puissances l'un des conflits les plus importants de notre siècle en matière d'occupation. Nous l'étudierons plus loin en détail.

Ce n'est qu'après bien des hésitations, après des demandes réitérées de secours de la part de ses nationaux, que l'Allemagne s'est décidée à entrer, elle aussi, dans la voie de la politique coloniale et à réclamer sa place dans le partage du continent africain. Dans le cours de l'année 1884, le prince de Bismarck notifiait à la plupart des gouvernements l'établissement du protectorat de l'empire sur trois points de la côte occidentale: Togo, Cameroun et Angra-Pequena (3). L'année suivante, le Dr Peters, qui

(1) Avalle, *op. cit.*, p. 192.
(2) Banning. *Le partage politique de l'Afrique*, p. 57 et suiv.
(3) Banning, *op. cit.*, p. 11.

avait acquis au nom de la Société coloniale allemande les pays d'Usagara, de Nguru, d'Usuguha et d'Ukami dans l'Afrique Orientale, obtenait du gouvernement allemand qu'il étendit également son protectorat sur ces territoires, en concédant à la Société une charte privilégiée (1). Depuis lors, l'Allemagne n'a pas cessé d'agrandir son domaine colonial, mais le succès ne semble pas répondre à ses efforts.

Presque aussi récents, et bien moins fructueux encore, ont été les essais de colonisation tentés par l'Italie. Le 25 décembre 1879 (2), le drapeau national est déployé sur le territoire d'Assab et, grâce à des conventions passées avec les sultans de Raheita et d'Assab, le gouvernement ne tarde pas à acquérir une notable portion de la côte occidentale de la mer Rouge. En 1885, profitant des troubles de l'insurrection madhiste, il fait occuper Massaouah par ses troupes (3) ; son objectif est dès lors de pénétrer jusqu'au Nil par deux routes, en enveloppant l'Abyssinie et le Choa, et, pour arriver à la réalisation de ce plan, il conclut avec le négus d'Abyssinie un traité de protectorat (4). Certes, ces débuts semblaient brillants et justifier la politique soutenue avec tant d'acharnement par M. Crispi devant la Chambre des Députés.

(1) V. Rolin-Jaequemyns, L'année 1888 au point de vue de la paix et du droit international. *Revue de Dr. Int.*, tome XXI. — Banning, *op. cit.*, p. 36 et suiv. — Stengel. *Die deutschen Schutzgebiete*, p. 24 et suiv.

(2) Le professeur Sapeto, représentant de la Société Rubattino, avait acheté, en 1869, du sultan d'Assab Ibrahim 6 kilomètres de côte ; cette petite colonie fut abandonnée l'année suivante.

(3) V. Catellani. La Politique coloniale de l'Italie, *Revue de Dr. Int.*, tome 17. — Banning, *op. cit.*, p. 80 et suiv.

(4) 2 mai 1889. La même année l'Italie plaçait sous sa protection le sultanat d'Opia et toute la côte des Somalis entre le cap Bédouin et Kismayo.

L'illusion a été de courte durée. Aujourd'hui la rupture est complète entre le roi Ménélick et le gouvernement italien, et le négus se refuse absolument à exécuter les clauses du fameux traité, dont M. Crispi s'ennorgueillissait tant (1). Au lieu des résultats magnifiques annoncés par le ministre italien, le budget des colonies de Massaouah et d'Assab accuse pour l'exercice courant un déficit de près de deux millions; enfin les révélations du lieutenant Livraghi sur les atrocités commises, à Massaouah, par les agents du gouvernement ont achevé de discréditer la politique coloniale en Italie (2).

De ce rapide exposé, il résulte que l'Afrique, après avoir été considérée longtemps comme une *res nullius*, est devenue à l'heure actuelle *res omnium*. Aussi, dès l'année 1884, cette expansion coloniale a-t-elle amené les gouvernements européens et les Etats-Unis à se réunir pour poser les principes essentiels, qui devaient à l'avenir gouverner l'évolution de leurs intérêts et de leurs efforts colonisateurs en Afrique. Tel a été l'objet de la Conférence de Berlin. Nous examinerons en son temps les conflits qui l'ont précédée et en ont été pour ainsi dire les *causes occasionnelles*. Qu'il nous suffise de faire ressortir ici toute l'importance que les travaux de la Conférence sont venus donner à l'étude de l'occupation. Ses décisions, alors même qu'elles n'ont pas introduit en notre matière des principes entièrement nouveaux, n'en

(1) *Livre vert* italien 1891.

(2) Lors de la discussion du budget des affaires étrangères, quelques députés ont même demandé l'abandon complet des possessions de la mer Rouge. Sans aller jusque là, le ministère di Rudini, qui a succédé au ministère Crispi, a simplement promis de diminuer l'occupation et de réduire les plans d'organisation militaire de l'Afrique.

présentent pas moins un intérêt capital ; car elles ont en tout cas le mérite d'avoir, pour la première fois, revêtu d'une sanction pratique des règles posées, il est vrai, depuis longtemps par les publicistes, mais violées trop souvent hélas ! par les gouvernements. A ce point de vue, on peut dire que la déclaration contenue dans les articles 34 et 35 de l'*Acte général* est une véritable innovation. « Elle l'est assurément dans les termes où elle a été conçue et présentée, écrit Engelhardt, mais aucun plénipotentiaire ou délégué accrédité à Berlin n'a jamais prétendu et ne pouvait sérieusement prétendre que cette déclaration portât sur une question *que le droit des gens n'avait jamais abordée* » (1).

Il ne faudrait pourtant pas s'exagérer les mérites de l'œuvre accomplie par les représentants des puissances, et lorsque nous en aborderons l'examen, nous aurons l'occasion de constater parfois de graves lacunes, en d'autres endroits des obscurités regrettables. Le plus grand reproche que l'on puisse adresser aux plénipotentiaires, c'est assurément d'avoir réservé à leurs décisions un champ d'application aussi restreint.

Dans ces dernières années, l'Institut de droit international s'est proposé de compléter et de généraliser les articles 34 et 35. Au cours de la session de Bruxelles (2), il avait chargé la quatrième commission d'études de lui préparer un rapport sur la doctrine de la Conférence relative aux prises de possession;

(1) Etude sur la déclaration de la Conférence de Berlin. *Revue de Dr. Int.*, t. XVIII. — Le passage cité est une réponse de M Engelhardt aux critiques dont les termes de son rapport au ministre des affaires étrangères avaient été l'objet. V. F. de Martens. La Conférence du Congo à Berlin. *Rev. de Dr. Int.*, t. XVIII.

(2) Séance du 12 sept. 1885. *Annuaire de l'Institut de Dr. int.*, tome VIII, p. 346.

l'année suivante, MM. de Martitz et Engelhardt déposèrent chacun un « projet de déclaration internationale en vue de déterminer les règles à suivre dans les occupations de territoire », projets dont l'assemblée de Heidelberg se borna à prendre connaissance (1), et qui vinrent seulement en discussion pendant la session de Lausanne. Le procès-verbal des délibérations de l'Institut représente un document précieux pour l'étude de l'occupation, mais il importe d'éviter ici toute confusion et de bien préciser le but que cette savante assemblée est appelée à remplir. « L'Institut est en quelque sorte une académie scientifique du droit des gens; ses travaux ne prétendent à d'autre autorité que celle de la science » (2). Les hommes éminents, dont il se compose (3), élaborent dans le calme de l'étude les principes qui leur semblent les plus propres à servir de base au droit des gens, mais leurs décisions n'ont qu'une portée purement théorique. Aux représentants des divers gouvernements revient ensuite la mission de les faire passer dans le domaine de la pratique, et de les adopter comme les règles destinées désormais à régir leur conduite, en les sanctionnant par un engagement contractuel. Etant donné que le projet de déclaration en dix articles, adopté par l'Institut à Lausanne (4), offre l'immense avantage d'être beaucoup plus explicite que les dispositions de l'*Acte général* du 26 février 1885, et de viser non pas l'occupation de tel ou tel territoire, mais l'occupation en général, on

(1) *Ann. de l'Inst. de dr. int.*, tome IX, p. 243 et suiv.

(2) Calvo. *Dr int.*, tome I, p. 99.

(3) La France notamment, est représentée à l'Institut par des jurisconsultes d'une autorité incontestée, tels que Lyon-Caen, Engelhardt, Demangeat, Pradier-Fodéré, Renault, Clunet, Féraud-Giraud, Lainé, etc.

(4) V. *Annuaire de l'Inst. de Dr. int.*, tome X, p. 201.

ne peut que souhaiter ardemment de le voir inscrit dans le Code des nations par une nouvelle Conférence analogue à celle de Berlin, et reprise sur des bases plus larges.

De tout ceci que conclure? Sinon qu'après une longue éclipse, l'occupation a reconquis de nos jours une des premières places parmi les questions de droit international, qu'elle a puisé un intérêt nouveau tant dans la politique suivie par les Etats de l'Europe, que dans les travaux récents auxquels elle a donné lieu. Sans doute, les acquisitions mentionnées plus haut ne reposent pas toutes sur ce titre; les conventions, les cessions de territoire ont joué aussi un grand rôle. Il n'en est pas moins vrai qu'en maintes circonstances, dans leurs conflits, les puissances ont fait appel à l'occupation et l'ont invoquée pour légitimer leur droit de propriété. On nous objectera peut-être que si elle a pu avoir, à un moment donné, l'importance que nous lui prêtons, cette importance est bien diminuée depuis le partage intervenu entre les quatre grandes puissances coloniales, dans le cours de l'année 1890? Nous touchons justement ici au point délicat. Quelle est la valeur juridique de ce partage? Les gouvernements n'ont-ils fait que procéder entre eux à une délimitation de territoires, sur lesquels chacun avait un droit de propriété incontestable, basé sur l'occupation et opposable à tous? N'ont-ils fait, au contraire, que se distribuer des *res nullius*, en sorte qu'elles continuent à pouvoir faire l'objet d'une prise de possession légitime de la part de tous les Etats qui n'ont pas participé à ces conventions? Voilà des questions auxquelles nous ne serons à même de répondre, qu'après avoir examiné la théorie de l'occupation dans son ensemble, et posé les principes destinés à régir ce mode d'acquisition pour en faire un titre parfait.

D'après la définition que nous avons donnée en tête de ce chapitre, l'occupation, pour être valable, doit 1° s'appliquer à une chose susceptible de propriété ; 2° porter sur une *res nullius*; 3° se réaliser par une prise de possession effective. Cette troisième condition en entraîne elle-même une quatrième : un temps plus ou moins long s'écoulera toujours avant qu'une prise de possession ne devienne effective ; il faut donc accorder à l'occupant les délais nécessaires pour s'organiser, et le protéger, pendant ce laps de temps, contre toute tentative de la part des autres Etats. A cet effet, on lui reconnaît d'ores et déjà, du jour où il a manifesté son intention d'acquérir, un droit de préférence; mais pour sauvegarder ce droit, il sera tenu de notifier aux autres puissances son *animus dominandi*.

Les chapitres suivants contiendront les développements que comporte l'étude de ces quatre conditions.

CHAPITRE II

DU TERRITOIRE SUSCEPTIBLE D'UN DROIT DE PROPRIÉTÉ INTERNATIONALE

L'occupation, ayant pour but direct l'acquisition de la propriété, ne peut s'appliquer qu'à une chose susceptible d'appropriation. Il suffit d'énoncer cette vérité évidente par elle-même ; toute démonstration serait superflue. Mais si ce principe n'a jamais été et n'a jamais pu être contesté, on a longuement discuté jadis le point de savoir quelles choses étaient ou non susceptibles de faire l'objet d'un droit de propriété internationale. La question s'est posée au sujet de la mer ; et les Etats, qui ont revendiqué l'Océan comme une partie de leur domaine, se sont en général basés sur un prétendu droit d'occupation. Nous croyons donc nécessaire de rappeler ces controverses, mais aussi brièvement que possible, la question pouvant être considérée depuis longtemps comme résolue et reléguée aujourd'hui dans le pur domaine de l'histoire. Toutefois, si les publicistes modernes sont unanimes à reconnaître le principe de la liberté des mers, l'entente est moins complète sur l'étendue des exceptions que l'on doit apporter au principe, et sur ce second point il nous faudra insister davantage.

§ I. — *De la liberté des mers.*

C'est au Moyen-Age que nous voyons appliquer pour la première fois à la mer l'idée de domaine international ou propriété d'Etat à Etat (1). On connait

(1) Il est certain que les Romains admirent le principe de la liberté des mers. V. *Institutes*, liv. II, t. I, § I.

les prétentions de la république de Venise sur la mer Adriatique, prétentions affirmées chaque année par une cérémonie assez curieuse : le doge jetait solennellement dans la mer un anneau, symbole de son union avec cet élément qui devait lui être soumis comme l'épouse à l'époux (1). Quatre siècles plus tard, après la découverte du Nouveau-Monde, les Espagnols et les Portugais, afin de monopoliser à leur profit le commerce avec l'Amérique et les Indes, s'arrogent également un droit de souveraineté sur l'Océan Atlantique et interdisent aux autres nations d'y naviguer. A l'appui de leurs prétentions, ils invoquaient la priorité de découverte et le droit du premier occupant, ces nouvelles routes commerciales ayant été parcourues pour la première fois par des navigateurs de leurs pays ou à leur solde. Ils se basaient aussi sur la bulle du pape Alexandre VI qui avait partagé entre eux les terres et les mers, en traçant d'un pôle à l'autre une ligne fictive (2). Enfin sous les règnes de Charles Ier, et Charles II, les Anglais s'attribuent la propriété de toutes les mers qui entourent la Grande-Bretagne (3).

A Grotius revient l'honneur d'avoir le premier combattu ces théories et proclamé le principe de la liberté des mers. Dans son *Mare liberum*, publié en 1609, il prend en main la cause des Hollandais, plus particulièrement atteints par les prétentions exorbitantes du

(1) Cette pratique remontait au XIIe siècle, à l'époque de la guerre entre Guelfes et Gibelins ; en récompense des services rendus par les Vénitiens à la cause Guelfe, le pape Alexandre III accorda aux doges de Venise la souveraineté de la mer Adriatique.

(2) V. le texte de la bulle *infrà*, chap III, sect. 1, § 1.

(3) Pour l'historique, V. Calvo, tome I, § 348 et suiv. — Pasquale Fiore *Nouv. Dr. Int. public*, tome II, § 718 et suiv. — Ortolan, *Des moyens d'acq. le domaine int.* § 31 et suiv.

Portugal. Après avoir prouvé l'insuffisance des titres allégués par cet Etat (1), il s'attache à démontrer que la mer, aux termes du droit naturel, ne saurait faire l'objet non seulement d'un droit de propriété, mais même d'un droit de juridiction, en ce sens qu'une nation ne pourrait en réglementer l'usage pour la navigation ou la pêche. Au *Mare liberum* Selden opposa *Mare clausum* (2), destiné à justifier les droits de l'Angleterre sur les mers britanniques et à combattre la thèse de Grotius. Quelque mauvaise que fût la cause soutenue par l'auteur, on ne peut s'empêcher de rendre hommage à l'étendue de son érudition et à l'habileté des arguments qu'il produit. Beaucoup d'ouvrages ont paru, soit avant, soit après le *Mare clausum* et dans un esprit analogue ; ils sont loin d'avoir la même valeur (3). On peut dire que Grotius et Selden incarnent en eux la lutte entre les partisans de la liberté de la mer et ceux de son appropriation.

La victoire devait finalement rester au bon sens et à l'équité. On se demande même comment l'orgueil national et l'intérêt commercial ont aveuglé, à un moment donné, les Etats, au point de leur faire méconnaître des principes aussi certains que ceux exposés par Grotius. Pour qu'une chose soit susceptible d'appropriation, n'est-il pas nécessaire qu'elle puisse être possédée? c'est-à-dire qu'on soit à même d'exercer sur elle une action physique et permanente de façon à pouvoir la détenir comme sienne et empêcher toute autre

(1) Il établit notamment que les Portugais ne peuvent revendiquer la priorité de découverte, attendu que bien avant eux les Indes avaient été connues des Romains, des Perses, des Arabes et même des Vénitiens.

(2) Paru en 1635 et dédié au roi Charles Ier.

(3) Le droit de souveraineté sur les grandes mers a été soutenu par Albéric Gentilis, Paolo Sarpi, Heineccius, etc...

personne d'en jouir. La mer échappe à cette occupation continue, elle échappe précisément par la mobilité de ses flots à tout acte de prise de possession (1), et, si grandes que soient les forces maritimes d'un Etat, il ne sera jamais assez puissant pour avoir la pleine mer sous sa domination exclusive. Mais à cette impossibilité matérielle, ne vient-il pas s'ajouter encore une impossibilité morale? « Quel est le peuple, écrit Ortolan, qui, en eût-il la possibilité, aurait le droit de prendre comme sa propriété exclusive l'élément jeté partout autour des terres pour unir de tous les points du monde les hommes et les nations ! » (2). Une telle domination de la part d'un Etat n'aboutirait qu'à interdire en pure perte aux autres l'usage des forces de la nature, car l'Océan est assez vaste pour que tous les peuples puissent s'y livrer simultanément à la navigation et à la pêche, sans se causer réciproquement aucun préjudice.

§ II. — *Exceptions au principe de la liberté des mers.*

Les raisons que nous venons d'indiquer sommairement pour démontrer que la mer ne peut faire l'objet d'une appropriation, ne se retrouvent plus, si au lieu d'envisager la pleine mer, nous considérons maintenant certaines parties plus restreintes de l'Océan, telles que la mer territoriale, les mers fermées et intérieures, les golfes et les baies, les ports et rades.

(1) « Si les vaisseaux sillonnent un moment les ondes, la vague vient effacer aussitôt cette légère marque de servitude et la mer reparaît telle qu'elle fût au jour de la création ». Mme de Stael, *Corinne*, chap. IV.

(2) V. Th. Ortolan, *Diplomatie de la mer*, tome I, liv. II, ch. VII, p. 126.

Aussi est-il admis qu'elles sont susceptibles d'être occupées, en ce sens que l'Etat, qui s'établira le premier sur leurs rivages, exercera sur elles soit un véritable droit de propriété, soit un droit *sui generis*.

I. *Mer territoriale:* « La bande de mer, qui s'étend le long des côtes d'un Etat et forme en quelque sorte le prolongement de son territoire (1), » constitue la mer territoriale. L'assimiler à la pleine mer et la déclarer entièrement ouverte à la navigation et à la pêche, c'eût été compromettre gravement les intérêts de l'Etat riverain. Il est évident, par exemple, que le passage ou le séjour de bâtiments de guerre étrangers dans les eaux adjacentes peut constituer pour lui un danger sérieux; que la pêche ne saurait s'y exercer d'une manière illimitée sans priver ses nationaux d'une ressource sur laquelle ils sont en droit de compter. D'ailleurs, à la différence de la pleine mer, la mer territoriale peut être soumise à une possession réelle et permanente, en établissant sur la côte des moyens de défense qui en empêcheront l'accès et éloigneront toute action étrangère. L'Etat riverain a donc sur elle un droit incontestable; mais en quoi consiste-t-il au juste? S'agit-il d'un droit absolu, d'un véritable droit de propriété? On l'a soutenu à tort, croyons-nous. Il est certain, en effet, que l'Etat ne peut interdire aux autres puissances l'usage des eaux qui baignent son territoire, en temps qu'il s'agit d'un usage *innocent;* il n'aurait pas notamment la faculté d'empêcher les bâtiments de commerce étrangers de les parcourir, ou de percevoir des droits de transit et de navigation. Quelques auteurs, entre autres Ortolan (2), refusent à l'Etat un droit de pro-

(1) Nüger, *Droits de l'Etat sur la mer territoriale*, ch. I. § 1,
(2) *Diplom. de la mer*, t. I, p. 157.

priété sur la mer territoriale, mais lui reconnaissent un droit d'empire, un pouvoir de législation, de surveillance et de juridiction. A notre sens, il a tout à la fois plus et moins ; plus, car cet *imperium* ne suffit pas à expliquer l'existence à son profit de certains droits, tels que celui de réserver exclusivement la pêche côtière à ses nationaux ; moins, car son pouvoir de juridiction comporte certaines restrictions. Concluons donc avec Nüger qu'il faut attribuer à l'Etat riverain : « un droit *sui generis* ou plutôt un *pouvoir particulier*, qui serait déterminé et limité par le but même que doit rechercher l'Etat d'assurer la défense de son territoire et la sécurité de ses côtes et de garantir ses intérêts commerciaux et fiscaux » (1).

« *Terræ potestas finitur ubi finitur armorum vis* », telle est la règle déjà formulée par Bynkershœk pour fixer l'étendue de la mer territoriale. Les droits de l'Etat riverain s'arrêteront à l'endroit où il ne serait plus à même de les faire respecter, à l'aide des moyens dont il dispose sur la côte. La portée du canon, moyen d'action le plus puissant, servira donc à fixer la limite de la mer adjacente, toutes les fois qu'elle n'aura pas été déterminée par une convention (2)

(1) *Op. cit.* chap. I, § 3. — Le droit de propriété sur la mer territoriale a été soutenu par Vattel. *Dr. des Gens*, liv. I, ch. XXIII, p. 287. — Wheaton, *Elém. de Dr. int.*, part. II, ch. IV, § 6. — Hautefeuille, *Dr. et dev. des nations neutres*, tome I, ch. III, sect. I. — Pradier-Fodéré, *Traité de Dr. int. public*, tome I, § 627.

(2) Plusieurs conventions internationales l'ont fixée à trois milles marins : Conv. du 20 oct. 1818 entre l'Angleterre et les Etats-Unis, du 2 août 1839 et du 11 nov. 1867 entre la France et l'Angleterre, du 6 mai 1882 entre les Etats avoisinant la mer du Nord. V. Calvo, tome I, § 356. — *Rec. de Martens*, t. IV, p. 571.

II. On entend par *mer fermée ou intérieure* celle qui, entièrement enclavée dans les terres, ne se trouve point en communication avec l'Océan. Si tous ses rivages sont occupés par le même Etat, on admet qu'elle fait partie intégrante de son territoire et soumise comme telle à un droit de propriété. Mais que décider dans le cas où ses rives sont possédées par plusieurs Etats ? D'après un premier système, la pleine mer serait libre et on n'accorderait à chaque riverain que le droit d'avoir une bande d'eau territoriale, où il exercerait les mêmes droits que ceux attribués aux riverains de l'Océan (1). D'autres auteurs, au contraire, considèrent alors la mer intérieure comme la propriété collective des Etats qui y touchent (2). Quelles seront les conséquences de ces deux systèmes, si l'on suppose le milieu de la mer peuplé d'îles ou d'îlots? Dans le premier cas, ces îles appartiendront à celui des riverains qui les occupera le premier; dans le second cas au contraire, il n'y a plus place pour l'occupation, elles seront exclusivement réservées au riverain dans la part duquel elles se trouvent situées.

La question n'est pas sans offrir un intérêt pratique, étant donné que les grands lacs africains représentent par leur étendue de véritables mers fermées (3); dans leurs récentes conventions, les puissances ont appliqué à la plupart d'entre eux le système de la copropriété.

Pour notre part, en l'absence de tout traité inter-

(1) Carnazza-Amari, tome II, ch. VII, § 13. — Calvo, tome I, § 301. — Nüger, *op. cit.*, p. 206.

(2) Pasquale Fiore, *Nouv. dr. int. public*, tome II, § 810, 811. — Perels, *Dr. marit. intern.* (traduction Arendt), p. 35.

(3) La superficie du lac Victoria est évaluée à 83,310 kil. carrés.

venu entre les riverains, nous nous rangerions volontiers à l'opinion des publicistes qui admettent la liberté de la pleine mer.

On considère encore comme pouvant faire valablement l'objet d'un droit de propriété, les mers qui ne communiquent avec l'Océan que par un étroit canal et réunissent les deux conditions suivantes : 1° toutes les côtes de la mer et du détroit appartiennent au même Etat, 2° le détroit est assez resserré pour qu'on ne puisse y pénétrer sans passer dans la mer territoriale du riverain ; tel sera par exemple le cas où les feux des batteries placées sur chaque rive se croisent(1). Si l'une de ces deux conditions fait défaut, la mer doit être accessible à toutes les autres puissances pour la navigation et la pêche.

Reste à expliquer pourquoi nous reconnaissons à l'Etat sur la mer enclavée dans son territoire un droit plus complet que sur la mer territoriale. Cette différence est facile à justifier. En interdisant d'une manière absolue l'accès de la première aux bâtiments étrangers de quelque nature qu'ils soient, — et nous ne parlons pas ici des mers fermées proprement dites, dont l'accès est matériellement impossible, mais des mers assimilées aux mers fermées — l'Etat riverain ne gêne en rien la libre communication des peuples entre eux. Il n'en serait pas de même, s'il en usait ainsi à l'égard de la mer territoriale.

La question des mers fermées vient de faire naître un conflit, encore pendant, entre l'Angleterre et les Etats-Unis au sujet de la mer de Behring. Pour bien apprécier la conduite du gouvernement de Washington à l'heure actuelle, il est nécessaire de retracer les

(1) V. Vattel, tome I, chap. XXIII, § 294. — Carmazza Amari, tome II, § 14.

débats auxquels cette partie de l'Océan Pacifique a déjà donné lieu au commencement du siècle, débats qui nous intéressent tout particulièrement puisqu'il s'agissait alors de prétentions basées sur la priorité de découverte et de prise de possession.

Le 14 septembre 1821 (1), paraissait un ukase de l'empereur Alexandre proclamant la souveraineté de la Russie sur toute la côte Nord-Ouest de l'Amérique, du détroit de Behring au 51° degré de latitude nord, et sur les îles Aléoutiennes. L'ukase faisait reposer ce droit de propriété sur l'occupation par le gouvernement russe de contrées jusque là *res nullius*, et sur une possession semi-séculaire (2). Il déclarait en même temps la mer de Behring *mare clausum* et reconnaissait à la Russie le droit d'en interdire l'accès aux bâtiments des autres nations.

A ces prétentions le gouvernement de Washington opposa les plus vives protestations. Par l'organe de son secrétaire d'Etat aux affaires étrangères, M. John Quincy Adams, il fit valoir : 1° que depuis la paix de 1783, les citoyens des Etats-Unis n'avaient pas cessé de se livrer dans ces parages à la navigation et à la pêche, sans qu'aucune contestation se fût jamais élevée ; 2° que la Russie ne pouvait prétendre à aucun droit de souveraineté au delà du 55e degré de latitude nord, parallèle qui formait la limite de ses découvertes et de son occupation sur le continent américain. Il concluait en réclamant la liberté de naviga-

(1) *Recueil de Ch. de Martens et de Cussy*, tome III, p. 531.

(2) Les Russes s'établirent sur la côte d'Alaska vers la fin du siècle dernier. Mais dès 1728, Behring navigateur danois au service de l'empereur Pierre-le-Grand avait reconnu et parcouru le premier la partie de l'Océan Pacifique et le détroit qui portent son nom.

tion pour ses nationaux dans toute l'étendue de l'Océan Pacifique, y compris la mer de Behring (1).

La convention signée à Saint-Pétersbourg le 17 avril 1824 mit fin au conflit. Elle accorde aux américains les droits de navigation et de pêche qu'ils revendiquaient, sous la seule condition de ne pas aborder dans un établissement russe sans l'autorisation du gouverneur. Les sujets russes jouiront des mêmes droits dans n'importe quelle partie du Pacifique, avec une obligation analogue en ce qui concerne les établissements américains. De plus les Etats-Unis ne pourront fonder aucune colonie au nord du 54° 40′ de latitude, ni la Russie, au sud de ce même parallèle (2).

Celle-ci renonçait donc à considérer la mer de Behring comme mer fermée. Aussi, quelques années plus tard, le comte de Nesselrode répondit-il par un refus à la compagnie russe d'Alaska qui réclamait l'envoi de croiseurs dans la mer de Behring pour empêcher les Américains d'y prendre des phoques.

Par le traité du 30 mars 1866 la Russie a vendu aux Etats-Unis toutes ses possessions sur la côte nord-ouest de l'Amérique, et aujourd'hui, oubliant ses anciennes protestations, le gouvernement de Washington reprend à son profit la théorie émise dans l'ukase de 1821. C'est ainsi que des croiseurs de la douane américaine ayant capturé tout récemment des bâtiments de pêche anglais dans la mer de Behring, la

(1) V. Wheaton, *Elém. du Dr. des gens*, tome I, chap. VI, p. 163 et suiv.

(2) *Recueil de Ch. de Martens et de Cussy*, tome III, p. 659. — Calvo, tome I, § 285. — Wheaton *op. cit.*, *loc. cit.* — L'année suivante l'Angleterre, qui de son côté avait protesté contre l'ukase de 1821, concluait avec la Russie un traité relatif à la délimitation de leurs possessions réciproques dans l'Amérique septentrionale. *Recueil de Ch. de Martens et de Cussy*, tome III, p. 620.

cour de Sitka a déclaré ces bâtiments de bonne prise (1). Et pourtant la capture n'avait pas eu lieu dans les eaux territoriales d'Alaska, mais à 45, 60 et même 93 lieues de la côte, en pleine mer par conséquent. N'est-ce pas proclamer que cette partie de l'Océan pacifique est soumise à la juridiction exclusive des Etats-Unis ? Et de quel droit? Lorsque M. John Quincy Adams jugeait jadis exorbitantes les prétentions de la Russie, il avait pour lui les principes les plus certains du droit international. Les îles Aléoutiennes, qui forment comme une ceinture reliant le continent américain au continent asiatique, sont séparées entre elles par des détroits dont l'ouverture atteint parfois jusqu'à 41 milles (2), et qui peuvent être par conséquent traversés sans passer dans les eaux de l'Etat riverain. Ainsi, l'une des conditions essentielles pour qu'une mer en communication avec l'Océan soit considérée comme *mare clausum*, se trouve ici faire défaut. Mais si le droit de propriété revendiqué par la Russie, qui du moins possédait tous les rivages de la mer de Behring, était absolument illégitime, que doit-on penser des prétentions des Etats-Unis maîtres seulement de la côte d'Alaska !

Le gouvernement américain, en affermant à une compagnie la pêche des phoques dans les eaux territoriales d'Alaska, a pris soin de limiter le nombre de ces animaux à prendre annuellement afin d'en empêcher la destruction Il lui paraît dur de voir ces précautions rendues inutiles par les procédés des pêcheurs anglais, se livrant à la même pêche dans la haute mer et capturant en toutes saisons mâles et femelles, sans

(1) V. Geffcken, Question des pêcheries de Terre-Neuve et sur les côtes des Etats-Unis et du Canada d'Amérique, *Revue de Dr. Int.*, tome XXII.

(2) Geffcken, *op. cit.*, *loc. cit.*

se soucier de savoir s'ils n'amèneront pas à brève échéance la disparition complète des phoques. Aussi n'a-t-il pas hésité à proclamer une doctrine dont au fond il reconnaît lui-même le peu de consistance, doctrine qui lui permettrait de faire observer ses prescriptions non seulement le long de la côte, mais dans toute l'étendue de la mer de Behring.

L'Angleterre a toujours refusé énergiquement de l'admettre et n'a pas cessé de réclamer une indemnité pour les bâtiments anglais illégalement saisis. Après de longues négociations, au cours desquelles la paix entre les deux pays a failli plus d'une fois être compromise, l'Angleterre et les Etats-Unis viennent de prendre l'engagement de recourir à l'arbitrage pour trancher la question pendante. De plus chaque gouvernement s'oblige à interdire à ses nationaux la pêche des phoques dans la mer de Behring jusqu'au mois de mai 1892 (1).

III. Il nous reste à dire un mot des golfes et baies, et des ports et rades. Quels seront sur ces parties de la mer les droits de l'Etat qui occupera le premier le rivage ?

Pour les rades et les ports, presque tous les auteurs admettent qu'ils font l'objet d'un véritable droit de propriété (2). On pourra donc en interdire l'entrée aux bâtiments étrangers, mais, en pratique, un Etat usera rarement de l'exercice de ce droit, qui entraînerait pour lui des mesures de rétorsion et nuirait à ses intérêts commerciaux.

(1) V. le *Temps*, 17 juin 1891.

(2) « Les ports et les hâvres sont manifestement une dépendance et une partie du pays, et par conséquent ils appartiennent en propre à la nation. On peut leur appliquer, quant aux effets du domaine et de l'empire, tout ce qui se dit de la terre même. » Vattel, liv. 2., chap. XXII, p. 290.

Quant aux golfes et aux baies, ils sont assimilés aux mers territoriales ou aux mers fermées suivant les cas. Leur ouverture est-elle assez resserrée pour que le feu des batteries placées à l'extrémité de chaque promontoire se croise, nous pensons qu'ils font partie intégrante du territoire de l'Etat riverain, quelle que soit d'ailleurs leur superficie. Les mêmes motifs, que nous avons invoqués pour légitimer le droit de propriété sur les mers fermées, se retrouvent en effet ici (1). Au contraire l'ouverture des golfes ou des baies dépasse-t-elle la double portée du canon, on reconnaîtra simplement à l'Etat le pouvoir d'exercer jusqu'à portée du canon, les droits nécessaires à la défense et à la sécurité de son territoire (2).

(1) Nüger fait la même distinction, mais, dans cette première hypothèse, il distingue encore entre les baies de grande ou de petite étendue ; ces dernières seules feraient l'objet d'un droit de propriété ; sur les premières, l'Etat n'aurait comme sur la mer territoriale qu'un droit de juridiction, de police et de défense. Ce système laisse trop de place à l'arbitraire. Quelle est l'étendue à partir de laquelle une baie cessera d'être susceptible d'un droit de propriété ? C'est un point que l'auteur n'envisage pas. *Op. cit.*, p. 196 et suiv.

(2) Les Etats-Unis ont jadis prétendu exercer leur souveraineté sur toutes les baies quelle que fût la largeur de leur ouverture. Cela résulte de la correspondance échangée en 1794 entre M. Pickering, secrétaire d'Etat, et le gouverneur de la Virginie. Geffcken, *op. cit. loc. cit.*, p. 229. — Pareille prétention fut émise par l'Angleterre qui comprenait, sous le nom de *the King's chambers*, toute l'étendue de mer en deça d'une ligne tirée d'un promontoire à l'autre et entendait y exercer une juridiction exclusive, alors même que cette ligne dépasserait la double portée du canon.

CHAPITRE III

Du « Territorium nullius »

Définition.

La propriété exige toujours le même respect, qu'il s'agisse de la propriété des Etats ou de celle des particuliers; en droit des gens comme en droit privé, l'occupation ne peut donc s'appliquer qu'à des biens vacants et sans maître, à des *res nullius*. Est-ce à dire que son domaine soit semblable dans ces deux branches du droit et que l'expression *res nullius* reçoive la même acception, suivant que l'occupation a pour sujet un Etat, ou un particulier? Poser cette question, c'est la résoudre : cela revient en effet à demander si, dans les deux cas, l'occupation fait acquérir un droit de même nature. Nous avons répondu par avance, en donnant au début de cette étude quelques notions sur le droit que confère la propriété internationale et en montrant à quel point il diffère du droit de propriété privée.

Pour qu'une prise de possession soit légitime, il faut que l'occupant ne se trouve pas en présence d'un droit rival de celui qu'il se propose d'acquérir; tel est le principe. Dans les relations entre particuliers, on considèrera donc comme *res nullius* toute parcelle de terrain qui ne fait pas l'objet d'une appropriation privée (1); en droit des gens au contraire, le *territo-*

(1) Certaines législations n'admettent pas l'occupation comme mode d'acquisition de la propriété immobilière. Notre code civil la rejette et l'art. 713 attribue à l'Etat tous les biens vacants et sans maître.

rium nullius sera défini : le territoire qui n'est actuellement la propriété d'aucun Etat. Si notre définition est rigoureusement exacte, les deux propositions suivantes en découlent nécessairement : 1° tout Etat, quel qu'il soit, exerce sur le sol qu'il occupe un droit de souveraineté s'imposant au respect des autres puissances ; 2° toute région, habitée ou non, qui n'est pas comprise dans le domaine international d'un Etat, reste ouverte à l'occupation du droit des gens. Après avoir justifié et développé ces deux principes, nous examinerons le cas où une contrée, soumise jadis à un droit de souveraineté, est redevenue vacante et sans maître par suite de l'abandon de son propriétaire. C'est la théorie de la *res derelicta.*

SECTION Ire.

Tout Etat, quel qu'il soit, a droit à la propriété de son territoire.

Quelques auteurs ont proposé de définir le *territorium nullius :* le territoire qui n'est possédé par aucun Etat *civilisé.* Ainsi d'après eux, seraient susceptibles d'occupation, non seulement les contrées désertes ou habitées par des hordes sauvages sans organisation, mais encore les pays habités par des peuples qui, bien que formant des corps politiques et répondant à la notion d'Etat, sont restés néanmoins à un degré de civilisation tout à fait inférieure. Une semblable théorie est-elle conforme à l'équité ? Pour savoir si un Etat peut légitimement prétendre à la propriété de son territoire, faut-il considérer son plus ou moins grand degré de civilisation ? La barbarie est-elle, en quelque sorte, un délit qu'un peuple doive expier par la perte de sa liberté et de son autonomie ?

Nous abordons ici une des questions les plus délicates en matière d'occupation. Après avoir fait l'objet de vives controverses, à l'époque des grandes acquisitions coloniales sur le nouveau continent, elle se représente à l'heure actuelle avec le même intérêt, au sujet des conquêtes africaines. Le principe de l'existence des souverainetés barbares a-t-il été admis jadis par les publicistes et par la pratique internationale, l'est-il de nos jours ? Tels sont les deux points que nous allons examiner.

§ Ier. — *Relations entre les sociétés chrétiennes et païennes du* XVe *au* XVIIIe *siècle.*

Pendant les premiers siècles qui suivirent l'apparition de la féodalité, le développement du droit international devait forcément subir un temps d'arrêt; à cette époque, les relations entre peuples étaient en effet à peu près nulles. Mais avec les croisades, il reprend un nouvel essor, et du rapprochement des diverses puissances chrétiennes, de leur union vers un but commun, jaillit bientôt cette idée que les Etats représentent entre eux une société régie par des lois.

C'était un grand pas, et qui marquait un état social bien supérieur à celui qui avait précédé le Moyen-Age. Dans l'antiquité, cette société entre nations n'avait même pas été entrevue. Aux yeux des Grecs et des Romains, la violence est réputée légitime contre le peuple étranger, avec lui tout commerce est interdit (1); et si parfois des relations régulières se

(1) « *In pace quoque postliminium datum est : nam si cum gente aliqua neque amicitiam, neque hospitium, neque fœdus amicitiæ causa factum habeamus, hi hostes quidem non sunt : quod autem ex nostro ad eos pervenit, illorum fit : et liber homo noster ab eis captus servus fit et eorum. Idemque*

substituent à cette hostilité permanente, c'est en vertu de pactes spéciaux dictés par des intérêts de circonstance. Inviolabilité des ambassadeurs, respect des traités, voilà à peu près les seuls principes qu'embrasse le droit international des Romains (1) et, à la chute de l'empire, on peut dire que le *jus inter gentes* est encore tout à fait rudimentaire (2).

Dès le XIIIe siècle, les jurisconsultes se montrent moins exclusifs que les peuples de l'antiquité, et cependant, dans leur conception du droit international, on retrouve quelque trace du principe romain. S'ils admettent que les Etats forment entre eux une association juridique dont il faut régler les rapports, ils ne font cependant rentrer dans l'association que les puissances chrétiennes. Vis à vis des Etats païens, le droit du plus fort reste la règle. Cette idée fausse, qui consistait à regarder le droit international comme le droit non de l'humanité tout entière, mais seulement des groupes unis par la religion du Christ, était encore érigée en principe, au XVe et au XVIe siècle, par la grande majorité des jurisconsultes.

Rien d'étonnant dès lors, qu'après la découverte de l'Amérique, les gouvernements européens aient considéré ce nouveau continent comme pouvant être légitimement occupé par eux. Au milieu des querelles qui s'élevèrent entre l'Espagne, le Portugal, la France, l'Angleterre et la Hollande, au sujet de la priorité de découverte, « il est un point, dit Wheaton, sur lequel ces nations paraissaient s'entendre, à savoir

est, si ab illis ad nos aliquid perveniat... » *Digeste*, l. XLIX, t. XV, l. 5, § 2.

(1) Calvo, tome I, p. 11.

(2) L'expression *jus inter gentes* ne nous vient pas d'ailleurs des Romains; on la trouve employée pour la première fois par Zouch, juriconsulte anglais du XVIIe siècle.

le mépris complet des peuples de ces contrées » (1). Ne voyons-nous pas Henri VII d'Angleterre octroyer à Jean Cabot et à ses fils des lettres patentes leur donnant « le droit de naviguer sous pavillon royal, en vue de découvrir les îles, pays et provinces des Gentils et des Infidèles, dans n'importe quelle partie du monde, les autorisant à y planter le drapeau royal et leur attribuant comme vassaux et lieutenants du roi les conquêtes et les découvertes qu'ils feront, s'en réservant seulement la souveraineté » (2). Plus tard des lettres analogues sont accordées par la reine Elisabeth à Sir Humphrey Gilbert (3). La papauté avait d'ailleurs, dès le début de la conquête, consacré elle-même ces théories en donnant par avance à l'Espagne et au Portugal la souveraineté de toutes les terres qu'ils viendraient à découvrir, l'une à l'ouest, l'autre à l'est d'une ligne fictive, allant d'un pôle à l'autre et passant à cent lieues à l'ouest des Açores et des îles du Cap Vert (4).

(1) *Elém. du droit intern.*, t. I, ch. IV, p. 161.

(2) Nolte, *Hist. des Etats-Unis d'Amérique*, tome I, p. 379.

(3) Wheaton, *op. cit. loc. cit.*

(4) Bulle du pape Alexandre VI du 4 mai 1493 connue sous le nom de bulle *Inter cætera*. Nous croyons utile de reproduire ce document, au moins dans ses parties essentielles : « § 6.... *Motu proprio, non ad vestram, vel alterius pro vobis super hoc nobis oblatæ petitionis instantia, sed de nostra mera liberalitate, et ex certa scientia, ac de Apostolicæ potestatis plenitudine, omnes Insulas et Terras firmas inventas et inveniendas, detectas et detegendas versus Occidentem et Meridiem ; fabricando et construendo unam Lineam a Polo arctico, scilicet Septentrione, ad Polum antarticum, scilicet meridiem...... quæ Linea distet a qualibet Insularum, quæ vulgariter nuncupantur de los Azores y Cabo verde, centum leucis versus Occidentem et Meridiem : ita quod omnes Insulæ et Terræ firmæ repertæ et reperiendæ, detectæ et detegendæ, a præfata Linea versus Occidentem et Meridiem per alium Regem aut Principem Christianum non fuerint actualiter possessæ, us-*

Non seulement les gouvernements européens ne respectèrent pas le droit de souveraineté des chefs indiens, mais la propriété, la liberté et bien souvent même la vie des indigènes ne furent pas épargnées. « Dès le début de la conquête, Christophe Colomb avait formé, sur différents points, des établissements espagnols ; des terres étaient distribuées aux colons et on leur confiait prétendument à titre de dépôt pour qu'ils s'en aidassent un certain nombre d'Indiens,

que ad diem Nativitatis Domini nostri Jesu-Christi proxime præteritum, a quo incipit annus præsens millesimus quadrin gentesimus nonagesimus tertius; quando fuerint per Nuntios et Capitaneos vestros inventæ aliquæ prædictarum Insularum; Auctoritate omnipotentis Dei nobis in beato Petro concessa, ac Vicariatus Jesu-Christi, qua fungimur in terris, cum omnibus illarum Dominiis, Civitatibus, Castris, Locis, Juribusque et Jurisdictionibus ac pertinentiis universis ; Vobis Hæredibusque et Successoribus vestris Castellæ et Legionis Regibus in perpetuum tenore præsentium donamus, concedimus, assignamus, vosque et Hæredes ac Successores præfatos illarum Dominos cum plena, libera et omnimoda potestate, auctoritate, et jurisdictione facimus, constituimus et deputamus.

§ 7 *Decernentes nihilominus per hujusmodi donationem, concessionem et assignationem nostram nulli Christiano Principi, qui actualiter præfatas Insulas et Terras firmas possederit, usque ad dictum diem Nativitatis Domini Jesu-Christi jus quæsitum sublatum intelligi posse aut auferri debere........*

§ 8 *Ac quibuscumque personnis cujuscumqne dignitatis, etiam Imperialis et Regalis, status, gradus, ordinis vel conditionis, sub Excommunicationis latæ Sententiæ pœna, quam eo ipso, si contrafecerint, incurrant, districtius inhibemus ; ne ad Insulas et Terras firmas inventas et inveniendas...... pro mercibus habendis, vel quavis alia de causa accedere præsumant, absque vestra, ac Hæredum et Successorum vestrorum...... licentia speciali......*

Datum Romæ apud S. Petrum Anno Incarnationis Dominicæ, millesimo quadringentesimo nonagesimo tertio. Pontificatus nostri Anno primo. » V. Dumont, *Corps Diplomatique*, t. III, partie II, p. 302.

avec charge de les instruire dans la religion catholique. C'est l'origine des commanderies ou fiefs *encomiendas*. Les vaincus furent finalement partagés ; les Indiens divisés en tribus de plusieurs centaines de familles eurent des maîtres que désignait le pouvoir central parmi les *Conquistadores* qui s'étaient distingués et parmi les fonctionnaires royaux » (1). Cette organisation devait amener bientôt pour les malheureux indigènes le règne de la plus complète servitude ; et si l'on songe que parmi les colons envoyés par les gouvernements pour asseoir leur domination dans ces pays lointains, beaucoup n'étaient que des malfaiteurs recrutés dans les prisons et sauvés ainsi de la mort et de l'infamie, on ne s'étonnera pas de tous les excès qui se commirent alors. Las Casas estime, qu'en près de 38 ans, 12 millions d'Indiens furent sacrifiés ; c'est surtout au Mexique et au Pérou que les Espagnols se signalèrent par leur cruauté.

Pour expliquer le peu de cas qu'ils firent de la propriété des habitants, on a prétendu qu'ils avaient trouvé la justification de leur conduite dans les bulles papales : ils pensèrent que les papes, en donnant aux rois d'Espagne et de Portugal les terres d'Amérique, n'avaient pas refusé à leurs sujets les biens des particuliers. C'était là une interprétation assurément exagérée. La bulle d'Alexandre VI, comme les autres bulles qui furent expédiées à cette époque, n'entendaient accorder aux envahisseurs que la propriété publique, la souveraineté du nouveau continent. C'était déjà trop ! Soit, mais jamais le Saint-Siège n'a encouragé la violation des règles les plus élémentaires de l'équité et de la

(1) Nys, Les Publicistes espagnols du XVIe siècle et les droits des Indiens. *Rev. de Dr. int.*, tome XXI, p. 542. — Cpr. Raynal, *Histoire philosophique et politique des Etablissements et du commerce des Européens dans les deux Indes*, tome III.

justice (1). En admettant que les termes si larges dont se servit Alexandre VI dans ces concessions aient pu prêter à cette fausse interprétation, la bulle du pape Paul III ne laisse planer aucun doute sur ce point. En vertu de son autorité apostolique, le Souverain Pontife « détermine et déclare que les Indiens et tous les autres peuples, qui viendront plus tard à la connaissance des chrétiens, quoiqu'ils ne connaissent point la foi en Jésus-Christ, ne sont ni ne doivent être pour cela privés de leur liberté, ni de la liberté de leurs biens ou réduits en servitude, mais que c'est par le moyen de la prédication de l'Evangile et par l'exemple d'une vie remplie de vertus qu'il faut les attirer et les engager à recevoir la religion. Il ordonne en conséquence que tout ce qui sera contraire à sa résolution soit considéré comme nul et de nul effet » (2).

Si, au XVIe siècle, la grande majorité des jurisconsultes et des théologiens justifiait et approuvait la domination des puissances européennes sur les peuples du Nouveau-Monde (3), quelques voix généreuses s'élevèrent cependant en faveur de ces derniers. Des hommes éminents, tels que François de Vitoria, Barthélemy de Las Casas, Melchior Cano, Dominique Soto, s'efforcèrent de démontrer que les princes païens avaient droit, tout aussi bien que les rois de la chrétienté, à la possession exclusive de leurs territoires.

Passant en revue, dans ses leçons *de Indis*, les

(1) Engelhardt, Etude sur la déclaration de la Conférence de Berlin relative aux occupations. *Rev. de Dr. int.*, tome XVIII.

(2) Nys, Les Publicistes espagnols, etc., *Revue de Dr. int.*, *loc. cit.*, p. 547.

(3) Nous laissons provisoirement de côté les tribus indiennes de l'Amérique septentrionale dont la situation spéciale sera étudiée plus loin. V. *infrà*, sect. II, § 2.

titres des Espagnols à la domination des Indes Occidentales, François de Vitoria (1) les classe en titres légitimes et illégitimes d'acquisition. La concession par l'empereur, la concession par le Saint-Siège, le droit de découverte, l'obligation pour les infidèles de recevoir la foi chrétienne, les péchés des Indiens constituent des titres illégitimes. « Au sujet du pape, Vitoria insiste sur ce point qu'il n'a pas de puissance temporelle envers les infidèles; même si ceux-ci refusent de lui reconnaître une autorité quelconque, il ne peut leur faire déclarer la guerre, ni faire occuper leurs biens. Pour lui, si le pape a confié aux Espagnols la prédication de l'Evangile dans le Nouveau-Monde, c'est qu'ils pouvaient s'en charger mieux que les autres peuples ; la mission d'instruire les ignorants dans la foi incombe sans doute à tous les chrétiens, mais le chef de l'Eglise peut prendre en considération l'intérêt de la religion et, par conséquent, confier la propagation de l'Evangile à un peuple déterminé, à l'exclusion des autres nations » (2). L'illustre théologien fait rentrer parmi les titres légitimes d'acquisition le droit qui appartient à chaque peuple d'entrer en relations avec un autre peuple : c'est ce qu'il appelle la *naturalis societas* et *la communicatio*. Une nation n'a pas le droit de s'isoler, de fermer son territoire au commerce des autres Etats ; si elle agit ainsi, on a contre elle un juste motif de guerre. De même, les persécutions dirigées par les

(1) Membre de l'Ordre des Dominicains, il occupa pendant vingt ans la chaire de théologie à l'Université de Salamanque. Ses cours, réunis sous le nom de *Relectiones theologicæ*, ont été publiés pour la première fois à Lyon en 1557; les plus célèbres sont ceux intitulés : *de Indis* et *de Jure Belli Hispanorum in Barbaros*.

(2) Nys., *loc. cit.*, p. 558.

barbares païens contre les barbares convertis, le choix volontaire que les Indiens pourraient faire du régime espagnol et peut-être aussi « le fait que les naturels, dans certaines parties du Nouveau-Monde, sont incapables de se gouverner eux-mêmes, » toutes ces causes justifient l'appropriation du territoire des Indiens.

La doctrine, enseignée par François de Vitoria, n'était autre chose que la condamnation complète de la conduite tenue par les Espagnols ; ces derniers s'appuyaient en effet principalement sur les titres proclamés illégitimes.

Contemporain de François de Vitoria, Barthélemy de Las Casas consacra comme lui sa vie à défendre la cause des opprimés. Pendant son séjour en Amérique (1), il avait été témoin des spoliations et des excès dont les indigènes étaient victimes ; de retour en Espagne, il provoque à plusieurs reprises des réunions contradictoires présidées souvent par le roi lui-même, et dans lesquelles il s'efforce d'arracher à la cour des mesures protectrices pour la liberté et la propriété des Indiens.

M. Nys nous a retracé ces luttes oratoires (2), où nous voyons Las Casas aux prises avec de redoutables adversaires, tels que l'évêque du Darien, Jean de Quevedo, et surtout Jean Ginès de Sepulveda, historiographe de Charles-Quint. Quoi de plus curieux que la subtilité des arguments, sur lesquels ces deux derniers théologiens s'appuient pour proclamer hautement le droit des Espagnols à porter la guerre et la dévastation en Amérique ! Les doctrines de Sepulveda sont

(1) Il occupa quelques années le siège épiscopal de Chiapa au Mexique. V. Lorente, *Vie de Las Casas*.

(2) *Rev. de Dr. int.*, *loc. cit.*, *passim.*

condensées dans le *Democrates secundus sive Dialogus de justis belli causis* (1), et exposées sous forme de dialogue entre un personnage allemand Léopold et Democrates, sous le pseudonyme duquel se cache l'auteur lui-même. D'après Democrates, « ceux qui valent par la prudence et l'esprit, non par les forces du corps, sont de par la nature les maîtres; ceux dont l'esprit n'est pas développé, qui sont arriérés, bien que valides de corps, sont de par la nature esclaves; c'est là un bienfait, non une injustice de la nature, et il est permis d'invoquer à ce sujet l'Ecriture qui dit au livre des proverbes: *Qui stultus est serviet sapienti.* Barbares et sauvages doivent être amenés à une vie plus humaine, plus civilisée, à des mœurs plus douces; dans ce but, il est loisible de recourir à la force... » Et ailleurs: « Les Espagnols surpassent les barbares, comme l'homme mûr surpasse l'enfant, comme l'homme est supérieur à la femme, comme l'homme tempérant l'emporte sur l'homme intempérant, comme l'homme est au-dessus du singe. » Personne jusqu'alors n'avait aussi nettement posé le prétendu droit de la civilisation sur la barbarie. Sepulveda conclut: Si les Indiens, après que sommation leur en aura été faite, refusent d'acceptor la religion chrétienne et de se soumettre au gouvernement espagnol, on peut les combattre et s'emparer de leurs personnes et de leurs biens.

Nous n'entreprendrons pas d'énumérer tous les arguments produits par Las Casas, devant l'assemblée des théologiens et jurisconsultes réunis à Valladolid,

(1) L'impression de cet ouvrage ayant été interdite, les théories de Sepulveda ne furent portées à la connaissance du public que par les nombreux manuscrits qui circulèrent alors. C'est seulement, en 1780, que parut à Madrid la première édition du *Democrates secundus*.

pour réfuter une doctrine aussi inique. Il est intéressant toutefois de remarquer que l'on retrouve chez lui la même interprétation de la bulle *Inter cœtera*, que celle donnée par François de Vitoria du haut de sa chaire de théologie : le pape, en accordant aux rois d'Espagne et de Portugal les terres découvertes et à découvrir sur le nouveau continent, a entendu simplement leur concéder le droit d'y prêcher la foi à l'exclusion de tous autres peuples. « Cette concession, dit Las Casas, est d'une grande importance, parce que l'espoir et la possibilité d'établir le christianisme dans ces contrées préparaient pour les souverains d'Espagne le droit d'y exercer une souveraineté de protection et de haute puissance, tant sur le peuple que sur les chefs, lorsque par leurs efforts ils seraient parvenus à fonder parmi eux la civilisation, le commerce et les connaissances nouvelles, et les autres avantages que devaient produire la même religion et les mêmes usages..... Il est évident que les véritables titres de souveraineté de nos rois sur l'Amérique sont la concession que le pape leur en a faite et l'accomplissement des conditions qui leur ont été imposées, non pour s'en emparer à main armée comme des conquérants, mais avec le simple cortège des missionnaires, qui ne viennent combattre que l'erreur avec les armes de la persuasion et de la paix ; car il est évident que le pape n'en pouvait permettre d'autres pour un pays qui n'avait jamais appartenu aux chrétiens et dont les habitants n'étaient pas encore sujets de l'Eglise. » Si l'on peut très bien soutenir, et c'est notre sentiment, que la donation faite par le Saint-Siège visait uniquement le droit pour les rois d'Espagne et de Portugal de s'emparer du nouveau continent à titre de souverains, sans ravir aux habitants leur droit de propriété, en revanche l'interprétation de la bulle pontificale donnée par François de Vitoria et Las Casas, et reprise au XVIIe siècle par Freitas (1), nous semble impossible à admettre. « *Omnes insulas et Terras firmas inventas et inveniendas... cum omnibus illarum Dominiis, Civitatibus, Castris, Locis Juribusque et Jurisdictionibus... donamus, concedimus, assignamus.* » Il est difficile de ne voir dans ces termes qu'une simple concession du droit de prêcher l'Evangile dans le nouveau continent.

En résumé, pendant tout le cours du XVIe siècle, jurisconsultes et théologiens discutèrent longuement le point de savoir s'il était légitime de reconnaître aux princes païens un droit de souveraineté territoriale, et à leurs sujets un droit de propriété privée. La question paraît avoir été tranchée, du moins sur le second point, en faveur des indigènes, comme l'attestent les résolutions prises dans l'assemblée de Valladolid. Mais, dans la pratique, le Nouveau-Monde fut toujours considéré comme une *res nullius*, au double point de vue de l'acquisition de la propriété internationale et de la propriété privée. Le principe qui détermine le droit public constant et uniforme, suivi à cette époque, peut se résumer ainsi : tout pays occupé par des peuples païens, alors même qu'ils sont parvenus à un degré de civilisation vraiment supérieure, comme au Mexique et au Pérou, appartient *ipso jure* à la puissance chrétienne qui a été la première à y pénétrer.

Le XVIIe et le XVIIIe siècle apportent-ils quelque changement dans la conduite des Etats européens? Non, le même principe subsiste encore, mais il est peut-être appliqué avec moins de cruauté et les mis-

(1) *De Justo imperio Lusitanorum asiatico.* Traduction Quichon de Grandpont, chap. VI.

sionnaires arrivent parfois à empêcher le renouvellement des excès qui avaient marqué la fondation des premières colonies. Au dire de Voltaire, l'établissement des Jésuites espagnols dans le Paraguay fut à certains égards le triomphe de l'humanité ; leur administration rappelait Lacédémone. En théorie, la cause des païens et des barbares rencontre chaque jour de nouveaux défenseurs. Grotius (1) et, après lui, Pufendorf (2) rangent parmi les guerres, dont la cause est illégitime, celles qui ont pour but d'implanter par la force le christianisme et la civilisation chez les peuples arriérés. Vattel flétrit la conduite des Espagnols après la découverte du Nouveau-Monde, dont la conquête n'a été sur bien des points qu'une « usurpation criante. » « Quand l'Espagnol attaquait les Américains, sous prétexte que ces peuples refusaient de commercer avec lui, il couvrait d'une vaine couleur son insatiable cupidité » (3).

(1) *Le droit de la guerre et de la paix*, t. II, ch. XX, § 48.

(2) Ce dernier va même très loin : « Je ne saurais, dit-il, approuver non plus ce que dit un fameux chancelier d'Angleterre, qui soutient que la coutume qu'ont les Américains d'immoler des hommes à leurs fausses divinités et de manger de la chair humaine est un sujet suffisant de déclarer la guerre à ces peuples, comme à des gens proscrits par la nature même. Pour bien décider cette question, il faudrait examiner distinctement si un prince chrétien peut attaquer les Indiens simplement parce qu'ils se nourrissent de chair humaine, comme de toute autre viande, ou parce qu'ils mangent ceux de leur religion, ou parce qu'ils mangent les étrangers ? A l'égard de ces derniers, il faut considérer s'ils vont dans les Indes en qualité d'ennemis et de corsaires, ou seulement comme des gens qui veulent y entrer et y voyager honnêtement sans avoir dessein d'y faire aucun mal, ou qui y ont été jetés par la tempête. Car ce n'est que dans ce dernier cas qu'ils ont le droit de faire la guerre à ces peuples sauvages, qui traitent leurs compagnons d'une manière si cruelle et si barbare. » *De Jure Naturæ et Gentium*, t. II, liv. 8, chap. VI, § 4.

(3) Tome Ier, § 25.

§ II. — *Des Rapports entre Etats civilisés et barbares du XVIIIe siècle jusqu'à nos jours.*

Notre siècle à son déclin verra-t-il enfin triompher les principes de justice si longtemps méconnus en matière de colonisation ? Après avoir reconnu que la souveraineté territoriale n'est pas l'apanage exclusif de l'Etat chrétien, admettra-t-on de même qu'elle n'est pas l'apanage exclusif de l'Etat civilisé ?

Depuis quelques années, surtout depuis la Conférence de Berlin, lorsque les puissances coloniales se sont trouvées en contact sur le continent africain avec des tribus indigènes, organisées en corps politique, elles ont en général invoqué pour légitimer leurs prises de possession, non plus l'occupation, mais les conventions conclues avec les chefs de ces tribus. Un pareil mode de procéder a été employé notamment par la France ; c'est à la suite de traités passés avec les riverains de l'Ogôoué et de l'Oubanghi que Savorgnan de Brazza a préparé la domination de notre pays dans ces contrées. Stanley, Serpa Pinto, Emin Pacha, Peters ont agi de même pour le compte des gouvernements qu'ils représentaient.

En reconnaissant aux rois africains le droit de conclure des traités, de consentir à l'abandon total ou partiel de leur souveraineté, soit par la cession définitive de leur territoire, soit par la stipulation d'un protectorat, les puissances coloniales n'ont-elles pas du même coup proclamé l'indépendance des peuples barbares ? N'ont-elles pas condamné la doctrine qui, depuis plus de trois siècles, considérait ces peuples comme de simples associations en dehors de la communauté du droit des gens, et leur territoire comme un *territorium nullius* ?

Le progrès accompli est plus apparent que réel ; ce serait singulièrement exagérer les conséquences de la nouvelle attitude prise par les Etats civilisés, que de croire la violence désormais bannie de leurs relations avec les races inférieures. Au lieu d'être l'œuvre d'une volonté libre et éclairée de la part des chefs indigènes, les conventions sur lesquelles on s'appuie, pour légitimer la conquête du continent africain, ne sont le plus souvent que des concessions arrachées par force ou par surprise. Et cependant, chez la plupart des jurisconsultes modernes, comme au sein de la Conférence de Berlin et de l'Assemblée de Lausanne, nous constatons partout les mêmes efforts pour faire prédominer chez les gouvernements des idées plus généreuses en matière de colonisation.

Wheaton (1), Klüber (2), Heffter (3), Vergé (4), Carnazza Amari (5), Pradier-Fodéré (6), condamnent tous, en termes plus ou moins absolus, l'assujettissement violent des Etats barbares et l'appropriation de leurs biens. Réfutant sur ce point la doctrine de Blüntschli (7), d'après laquelle l'Etat colonisateur a le droit d'étendre sa souveraineté sur le territoire occupé par des peuples sauvages pour favoriser la civilisation et l'extension des cultures, Pradier-Fodéré s'écrie : « Doctrine détestable, elle justifie tous les abus de la force. Favoriser la civilisation ! quelle civi-

(1) *Elém. de Dr. int.* t. I. ch. IV.
(2) *Droit des gens moderne de l'Europe.* § 125, note *a*.
(3) *Droit int. public de l'Europe*, p. 141.
(4) *Annotations sur G.-F. de Martens*, t. I, p. 125.
(5) *Traité de Dr. int. public en temps de paix*, t. II, p. 21.
(6) *Traité de Dr. int. public*, tome II, chap. V, § 793. — V. également Bry, *Précis de dr. int. public*, p. 186.
(7) *Dr. int. codifié* art. 280 et r. 1. On se demande comment Blüntschli concilie ce droit avec le principe posé dans les art. 7 et 8.

lisation ? l'introduction des besoins factices et des vices des peuples vieillis ? Prendre en main l'éducation et la direction des peuples sauvages ! et de quel droit ? Les former par l'exemple, l'exhortation, l'intérêt, à des mœurs cultivées, à un genre de vie stable, les initier aux merveilles du travail, soit : telle est en effet l'œuvre providentielle qui s'impose aux nations déjà civilisées, mais commencer par dépouiller de leur territoire les peuplades sauvages ou barbares pour leur imposer par la force, par la crainte, par la misère, par la nécessité de se soumettre, une civilisation dont elles n'éprouvent pas le besoin, c'est exagérer singulièrement le prétendu rôle de l'humanité » (1). Tel est notre avis, et il nous semble impossible de faire justice en meilleurs termes de ce prétendu droit de la civilisation. Si celle-ci est un bien, la liberté et l'autonomie sont un bien plus précieux encore pour un peuple. Que les Etats, qui désirent vraiment l'amélioration des races inférieures, envoient vers elles des missionnaires ; en se présentant avec des paroles de conciliation et de paix, ils feront plus pour la cause de la civilisation que les expéditions armées de tous les engins les plus meurtriers et s'ouvrant la route à la façon des conquérants. Malheureusement, c'est plutôt à ce dernier mode de procéder que les gouvernements européens ont recours pour accomplir leur soi-disant œuvre de moralisation, car elle n'est qu'un prétexte pour dissimuler leurs visées ambitieuses, et leurs envoyés ont une singulière manière de comprendre la mission qui leur est confiée. On frémit en pensant aux horreurs commises par l'arrière-garde de Stanley, lors de sa récente expédition à la recherche

(1) *Op. cit., loc. cit.*

d'Emin Pacha (1). Des scènes de sauvagerie semblables à celles qui se sont déroulées au camp de Yambouya, en plein continent noir, sont bien faites pour retarder d'un demi-siècle la civilisation de ces contrées et détruire d'un seul coup les résultats déjà acquis par les missionnaires (2).

En résumé, le rôle des peuples civilisés consiste à élever jusqu'à eux les peuples barbares par l'exemple de la justice, de l'humanité, et d'une manière générale par tous les moyens pacifiques en leur pouvoir, mais non de s'abaisser à leur niveau : voilà tout ce que comporte le droit de la civilisation.

La doctrine de Blüntschli a rencontré malheureusement des partisans ; et Pasquale Fiore (3), F. de Martens, de Martitz (4) se sont faits les échos des mêmes idées. Le moment est donc venu d'exposer et de discuter les divers arguments que l'on a mis en avant, pour refuser aux Etats barbares un droit de souveraineté territoriale.

D'après M. de Martens, le droit international est

(1) Des polémiques intervenues entre les survivants de l'expédition, il résulte que le major Barttelot aurait été assassiné par les indigènes, pour avoir fait preuve vis-à-vis d'eux d'une cruauté inouïe, n'hésitant point à faire périr, à la moindre faute, même les femmes et les enfants. Jameson, autre officier de l'arrière-garde, aurait livré à des cannibales une jeune esclave de douze ans afin de reproduire d'après nature une scène de cannibalisme. De tels faits passent l'imagination et encore tout n'a-t-il pas été peut-être révélé !

(2) Les indigènes caractérisent souvent d'une manière énergique les procédés dont on use à leur égard ; c'est ainsi qu'ils ont surnommé Brazza, qui ne fait jamais appel à la force, *le père, l'ami*, tandis qu'ils ont flétri Stanley du nom de *casseur de cailloux*, *tueur d'hommes*.

(3) *Nouv. Dr. int. public,* t. II, § 849 et *Dr. int. cod.*, art. 546, 547.

(4) V. *infrà* le rapport de M. de Martitz devant l'Institut de Droit international.

inapplicable aux relations d'une puissance civilisée avec une nation demi-sauvage. « Le droit international ne s'étend qu'aux nations qui reconnaissent les principes fondamentaux de la civilisation européenne et qui sont dignes du nom de peuples civilisés... ; les conditions sociales et politiques, dans lesquelles vivent les peuples musulmans et les peuplades païennes et sauvages, rendent impossible l'application du droit international aux rapports avec les nations barbares ou à moitié civilisées » (1). Le savant professeur en conclut qu'il faut exclure ces dernières de la communauté du droit des gens et que, si l'on doit cependant respecter la vie et la propriété privée des barbares, il serait abusif de leur reconnaître un droit de propriété internationale qui pourrait soustraire leur territoire à la domination des Etats de l'Europe. Cette thèse, M. de Martens l'avait déjà longuement développée dans un article intitulé : *la Russie et l'Angleterre dans l'Asie centrale* (2). Elle avait surtout pour but de légitimer la politique du gouvernement russe sur le continent asiatique et repose en somme sur cette idée que la réciprocité forme la base des rapports internationaux, que par suite on ne peut reconnaître à un peuple des droits que lui-même méconnaît journellement. Il est évident que les barbares n'offrent pas, au point de vue des rapports internationaux, les mêmes garanties que les Etats civilisés, et nous accordons volontiers à M. de Martens qu'il est impossible de les traiter sur le même pied. Que les puissances colonisatrices prennent donc vis-à-vis d'eux toutes les mesures destinées à sauvegarder la vie et la propriété de leurs nationaux, à suppléer à une justice

(1) *Traité de Dr. int.*, chap. VII, p. 238.
(2) *Revue de Dr. int.*, t. XI, p. 227 et suiv.

souvent trop sommaire, rien de plus légitime. A l'heure actuelle, il y a du reste bien des Etats avec lesquels l'Europe entretient des relations internationales et qui ne sont pas admis cependant à une entière réciprocité de droits et de devoirs; tels sont la Turquie, l'Egypte, la Chine, le Japon, la Perse, etc., où les consuls des pays de chrétienté jouissent sur leurs nationaux d'un droit de juridiction plus ou moins étendu: c'est une atteinte portée à la souveraineté locale. Si les différences profondes que présentent les mœurs et les institutions de ces pays, pourtant civilisés, justifient de pareilles mesures, à *fortiori* faut-il admettre que le droit international dans son entier n'est pas applicable aux peuples sauvages. Mais poser d'une manière générale que les Etats civilisés ne sont pas tenus d'observer vis à vis des races inférieures les principes que celles-ci méconnaissent, à notre sens, c'est pousser trop loin l'idée de réciprocité (1). « Pourquoi, demande Hornung, cet utilitarisme et ce défaut complet de générosité? Pourquoi vouloir à toute force être récompensé de notre justice » (2). Tout à l'heure, on invoquait la mission supérieure qui incombe aux peuples civilisés de porter la lumière et le progrès chez les barbares; comment leur enseigner le respect de la souveraineté territoriale, si nous ne commençons pas nous-mêmes par respecter leur territoire? C'est à nous de donner l'exemple.

Il arrive fréquemment que les Etats barbares refusent d'ouvrir leur territoire au commerce des autres peuples; quelques-uns ont cru trouver dans ce refus un motif suffisant pour ne pas respecter leur indé-

(1) L'Association britannique pour l'avancement des sciences sociales a condamné cette maxime pendant le Congrès de 1879.
(2) Civilisés et barbares, *Revue de Dr. int.*, t. XVII, p. 559.

pendance. François de Vitoria lui-même, si favorable aux Indiens, rangeait, on s'en souvient, cette hypothèse parmi celles qui pouvaient légitimer la domination des Espagnols sur le Nouveau-Monde. Nous repoussons absolument cette théorie. Sans doute, le droit de commercer en général est un droit qui appartient essentiellement à tout Etat, et la puissance, qui émettrait la prétention d'interdire le commerce aux autres peuples pour le monopoliser à son profit, commettrait un acte de violence et d'oppression. C'est en vertu de ce principe que la pleine mer est déclarée libre. Mais il en est autrement du droit de commercer avec tel peuple déterminé. Wolff (1) et Vattel (2) divisent les droits qui appartiennent à un Etat en droits *parfaits* et droits *imparfaits;* les premiers font naître pour les autres Etats l'obligation de les respecter, obligation absolue et impérative, dont on peut exiger l'accomplissement au besoin par la force. Rentre dans cette catégorie, le droit d'indépendance. Les seconds, au contraire, ne correspondent qu'à une obligation imparfaite, à une simple obligation morale; tel est le droit pour une puissance de trafiquer avec une autre puissance. S'il est conforme à l'équité, au développement du bien-être et de la civilisation, qu'un peuple ne s'isole pas complètement, on ne peut lui refuser cependant le droit de ne point admettre chez lui le commerce étranger sans porter une atteinte grave au principe de l'indépendance mutuelle des Etats. « Les produits de la culture et de l'industrie d'un peuple ne sont-ils pas sa propriété? Qui aura donc le droit de l'obliger à s'en dessaisir? Qui sera juge, si ce n'est lui-même,

(1) *Institutions du droit de la nature et des gens,* § 75.
(2) T. I, liv. II, ch. II, p. 611, 612.

de l'étendue de ses propres besoins? Qui osera, sans la permission d'un peuple, introduire sur son territoire des objets d'échange, sur lesquels s'étend naturellement son droit de police intérieure et de contrôle? » (1). Pour que l'obligation imparfaite, qui incombe à un Etat d'entretenir avec les autres Etats des relations commerciales, se transforme en une obligation absolue, il est nécessaire qu'elle ait été reconnue et sanctionnée par un traité. Vrai, en ce qui concerne les rapports entre peuples civilisés (2), pourquoi ce principe cesserait-il de l'être entre civilisés et barbares?

Si, dans l'hypothèse précédente, on ne peut vaincre la résistance des tribus sauvages par l'emploi de la force, la contrainte nous semble tout aussi illégitime pour les amener à renoncer à leurs pratiques sanguinaires, telles par exemple que les sacrifices humains dont certaines parties de l'Afrique sont périodique-

(1) Cauchy. *Dr. maritime int.*, t. I, p. 28 et 29.

(2) En pratique, il sera bien rare qu'une puissance s'isole complètement, elle serait la première victime de cette mesure; elle se contentera simplement de restreindre son commerce avec l'étranger par l'établissement de tarifs douaniers plus ou moins élevés. Le principe que nous avons posé n'en subsiste pas moins théoriquement et presque tous les auteurs le reconnaissent d'une manière formelle. V. Hautefeuille, *Dr. des nations neutres*, t. I, p. 108. — Beach Lawrence *Comm. sur Wheaton*, t. II, p. 189. — Heffter, *Dr. int. public de l'Europe*, p. 141. — Klüber, *Dr. des gens moderne de l'Europe*, § 135, 136. — Calvo, *Dr. international*, t. III, § 134. — Pradier-Fodéré, *Dr. int. public*, t. I, § 434. — Heffter et Pradier-Fodéré admettent toutefois un tempérament: les puissances étrangères auraient le droit de se faire ouvrir les ports d'un pays fermé à leur commerce à deux conditions: 1° Qu'elles agissent d'un commun accord; 2° et dans le but de sauvegarder un des grands intérêts de l'humanité. Tel serait le cas où le souverain d'un pays, qui produirait seul un remède efficace contre une maladie généralement répandue, en refuserait l'exportation.

ment le théâtre (1). En ce qui concerne la traite, cette plaie du continent africain, certes il est juste que les gouvernements se concertent entre eux pour la combattre sur mer et dans leurs possessions respectives ; non seulement pour eux c'est un droit, c'est peut-être encore le plus impérieux des devoirs. Mais ils dépasseraient assurément leurs pouvoirs, en s'emparant du territoire d'un chef indigène pour empêcher qu'il ne serve de passage aux caravanes d'esclaves ou de marchés destinés à alimenter cet odieux trafic. Il serait dangereux de reconnaître ainsi à un Etat la mission de venger les droits de l'humanité outragée ; dans cette œuvre de haut justicier, il pourrait être guidé trop souvent par son intérêt personnel plutôt que par des sentiments de véritable philantropie. D'ailleurs dans l'*Acte général* de la Conférence anti-esclavagiste de Bruxelles, toutes les mesures adoptées par les représentants des puissances contractantes ne doivent s'appliquer qu'aux territoires placés sous la souveraineté ou le protectorat de ces puissances. La Conférence de Berlin avait déjà résérvé la même portée à ses décisions (2).

Nous arrivons au dernier argument proposé par nos adversaires : n'est-il pas abusif de reconnaître aux Etats barbares le droit de n'être dépouillés de leur souveraineté rudimentaire qu'en vertu d'une cession librement consentie, de leur accorder par conséquent la qualité de personne internationale et la faculté de

(1) En ce sens : Carnazza Amari, *op. cit.* T. I, ch. VI, § 11. — Pradier Fodéré, *op. cit.* T. I, chap. III, § 429 § 430.

(2) Il va de soi que l'intervention des puissances étrangères serait légitime, si les actes inhumains, commis par un souverain indigène, avaient été perpétrés sur leurs ressortissants. Dans ce cas, elles pourraient exiger réparation même par la force des armes, car tout Etat doit protection à ses nationaux.

conclure des traités, alors que nombre de faits viennent démontrer le peu de cas qu'ils font de leurs engagements ? Et l'on cite le conflit intervenu entre la France et l'Association internationale du Congo, en 1881, au sujet des possessions du roi Makoko. Ce dernier, après avoir cédé son territoire à Stanley, ne se fit aucun scrupule de le revendre ensuite à Brazza moyennant quelques pièces d'étoffe ; et Stanley, remontant le cours du Congo, fut fort surpris de voir s'élever la colonie de Brazzaville sur un terrain qu'il croyait avoir légitimement acquis pour le compte de l'Association (1). Autre conflit du même genre, dans le cours de l'année 1888, entre la Compagnie allemande de Witu et la Compagnie anglaise de l'Afrique orientale ; chacune d'elles revendiquait l'administration de l'île de Lamu, en vertu d'une concession du sultan de Zanzibar, Saïd-Bargash. Il avait donc cédé, à un moment donné, un droit qui ne lui appartenait déjà plus, et pourtant le sultanat de Zanzibar peut être considéré comme un des Etats africains les plus avancés au point de vue de la civilisation. Enfin la longue querelle, qui a duré près de deux ans, entre l'Angleterre et le Portugal, n'a-t-elle pas eu d'autre origine que la vente faite à l'Angleterre par Lobengula, roi du Mashonaland, de territoires sur lesquels non seulement il n'exerce aucune autorité, mais qui, depuis deux siècles, sont placés sous la souveraineté et l'influence du Portugal ? —

Nous ne prétendons pas à coup sûr que chez les peuples barbares on trouvera, en toute occasion, un respect scrupuleux de la foi jurée, une exécution

(1) F. de Martens, La Conférence du Congo à Berlin et la politique coloniale des Etats modernes. *Rev. de Dr. int.*, t. XVIII, p. 144.

fidèle des engagements pris, alors qu'on ne les rencontre pas toujours même chez les peuples les plus civilisés. Ce serait émettre un véritable paradoxe, et d'ailleurs les faits viendraient démentir cette assertion. Mais nous soutenons qu'il ne faut pas généraliser, et considérer la fraude et la mauvaise foi comme un principe auquel obéissent les barbares dans leurs relations avec les puissances coloniales. Non seulement ils sont parfaitement capables de respecter une convention, mais, dans bien des cas, si elle n'est pas exécutée, on ne doit pas en faire retomber sur eux la responsabilité. Il faut tenir compte, en effet, que dans la vie sociale de ces peuples et particulièrement chez les nègres de l'Afrique, le symbolisme joue un grand rôle. S'agit-il de conclure un traité, l'importance et la gravité de cet acte leur apparaissent si bien qu'ils l'entourent de formes solennelles, de cérémonies compliquées, en l'absence desquelles ils ne se considèrent nullement comme obligés. Les récits des voyageurs nous révèlent cette pratique comme un des traits caractéristiques des mœurs africaines. Lorsqu'au cours de ses voyages, Stanley voulait s'assurer l'amitié des chefs dont il allait traverser le territoire, son premier soin était de réclamer la cérémonie fraternelle de l'échange du sang (1). Seul, cet acte aux yeux des

(1) Cette coutume bizarre se trouve décrite en maints endroits dans ses ouvrages, et notamment à propos de son pacte d'amitié avec le puissant chef Mirammbo. « Nous ayant fait asseoir vis-à-vis l'un de l'autre sur une natte, Manoua-Séra nous fit à tous les deux une incision à la jambe droite, prit à chacun de nous quelques gouttes de sang qu'il transféra de la jambe de l'un à celle de l'autre, puis d'une voix forte : « Si l'un de vous, dit-il, manque à la fraternité maintenant établie entre vous, qu'il soit dévoré par le lion, empoisonné par le serpent, que sa nourriture soit amère, que ses amis l'abandonnent, que son fusil lui éclate dans la main et le blesse, que

rois indigènes constitue un engagement sacré, une véritable alliance, tandis que les plus belles protestations d'amitié de leur part n'empêcheraient pas toujours les explorateurs d'être plus tard en butte à leurs attaques. Il en est de même lorsque l'on cherche à obtenir d'eux la cession de leur territoire. Ils n'attachent aucune valeur aux simples promesses verbales que les représentants des puissances colonisatrices leur arrachent le plus souvent par surprise. Comprennent-ils même toujours la portée de ce qu'on leur demande ? Il est permis d'en douter, si l'on songe que les négociations se font par voie d'interprêtes et sont traduites plus ou moins fidèlement (1). Pourquoi ne pas se plier à leurs coutumes ? Pourquoi, dans cette hypothèse, ne pas exiger du souverain qui renonce à ses droits, soit une prestation d'hommage devant le peuple rassemblé, soit la remise de quelques parcelles de terre renfermées dans une défense d'ivoire, usage très répandu (2) et qui ressemble assez à la tradition

tout ce qui est mauvais le poursuive jusqu'à sa mort. » *A travers le continent mystérieux*, tome Ier, page 475. Après une cérémonie de ce genre, il est, paraît-il, fort rare de voir un chef manquer à la parole donnée.

(1) L'art. 17 du traité d'Ucciali, conclu entre l'Italie et le roi Ménélik, porte dans le texte abyssin : « Sa Majesté *pourra si elle veut* se servir de l'entremise du gouvernement italien pour ses relations avec les autres puissances. » La traduction italienne dit : « Sa Majesté *consent* à se servir de l'entremise du gouvernement italien etc... ; » ce qui change totalement le sens de l'art. 17 et établit au profit du gouvernement italien un véritable protectorat. Le négus d'Abyssinie soutient que dans les pourparlers préliminaires avec le comte Antonelli, il n'a jamais été question pour lui d'une obligation, mais d'une simple faculté de recourir à l'entremise de l'Italie ; aussi refuse-t-il de reconnaître l'interprétation de la traduction italienne. V. *Livre vert* italien 1891.

(2) De Fontpertuis, Une nouvelle exploration au Congo, *Economiste*, 19 août 1882.

du droit romain. Il n'y aurait plus place alors pour l'équivoque.

Mais non, on trouve plus commode de considérer ces formalités comme ridicules et inutiles, et plus tard, si la convention n'est pas exécutée, on n'hésite pas à invoquer la fraude et la mauvaise foi pour mettre la main sur un territoire que son propriétaire n'a peut-être jamais entendu céder. Nous invoquerons, sur ce point, l'autorité si compétente de M. le baron Lambermont. Choisi comme arbitre dans le conflit entre la Compagnie allemande de Witu et la Compagnie impériale anglaise de l'Afrique orientale, il s'est prononcé en faveur de cette dernière, parce que les engagements verbaux que le sultan avait pris d'abord vis-à-vis de la Compagnie allemande ne pouvaient être considérés comme contenant tous les caractères et les éléments essentiels d'une convention : « attendu, est-il dit dans la sentence arbitrale, que l'adoption de la forme écrite s'impose particulièrement dans les rapports avec les gouvernements de nations peu civilisées, qui souvent n'attachent la force obligatoire qu'aux promesses faites en une *forme solennelle* ou par écrit » (1). On ne peut donc plaindre les Compagnies de commerce qui, dans un but facile à comprendre, ont négligé de s'entourer de ces précautions, et se prétendent plus tard victimes de la mauvaise foi des chefs indigènes.

Supposons que le traité, conclu par une puissance civilisée avec le représentant d'un Etat barbare, offre toutes les garanties de sincérité désirables ; librement et en connaissance de cause, le chef indigène a déclaré faire abandon de son territoire à l'Etat colonisateur. Ce dernier en deviendra immédiatement légitime

(1) Arbitrage concernant l'île de Lamu, *Rev. de Dr. int.*, t. XXII, p. 354.

propriétaire et son titre d'acquisition reposera non sur l'occupation, mais sur la cession qui lui a été consentie. Heimburger, il est vrai, s'appuyant sur le principe : *nemo plus juris in alterum transferre potest quam ipse habet*, soutient que, dans notre hypothèse, le titre d'acquisition de la propriété internationale reste originaire et n'est pas dérivatif. D'après lui, si les peuples sauvages peuvent exercer sur leur territoire un droit de souveraineté, il ne saurait être en tout cas question que d'une souveraineté tout à fait rudimentaire, d'un droit en quelque sorte *sui generis*, et essentiellement différent du droit de souveraineté qui appartient aux Etats civilisés. Bien qu'il soit nécessaire d'obtenir le consentement de ces peuples pour s'établir sur leur territoire, ce consentement, une fois donné, ne forme pas la base d'une véritable cession, mais seulement la condition *sine qua non* pour rendre légitime l'occupation effectuée ultérieurement par l'Etat civilisé. Seule, l'occupation donnera à celui-ci un droit de souveraineté proprement dit (1).

Théorie à première vue assez séduisante ! Mais son point de départ nous semble absolument erroné. Est-il bien exact, en effet, d'appliquer ici le principe : *nemo plus juris in alterum.....*, et de considérer le droit abandonné par le chef indigène comme inférieur au droit que l'Etat colonisateur se propose d'acquérir ? En reconnaissant qu'on ne peut s'emparer du domaine des peuples barbares sans leur consentement, Heimburger admet par là même qu'ils ont sur leur territoire un droit de jouissance et de commandement exclusifs, c'est-à-dire le *dominium* et *l'imperium*. Et quel autre droit plus étendu une puis-

(1) *Der Erwerb der Gebietshoheit*, page 112. — Cpr. Stengel, *Die Deutschen Schutzgebiete*, p. 54.

sance civilisée pourrait-elle jamais acquérir? Le *dominium* et *l'imperium* ne sont-ils pas le trait caractéristique de la souveraineté territoriale ou propriété internationale? Sans doute ce droit de souveraineté revêt un mode d'exercice plus perfectionné en passant aux mains de l'Etat colonisateur, mais il n'en est pas moins vrai que, dans son essence, le droit cédé par l'un est bien le droit acquis par l'autre. La façon de l'exercer seule diffèrera ; il s'agit donc d'une véritable cession.

Nous croyons avoir suffisamment réfuté les raisons plus ou moins bonnes alléguées par les auteurs, qui ne veulent voir dans les pays habités par les peuples sauvages, organisés en corps politique, qu'un *territorium nullius* susceptible d'occupation. Nous en concluons : tout Etat, digne de ce nom, quels que soient sa religion, son degré de civilisation, sa puissance, a droit à la propriété de son territoire.

Cette opinion fut énergiquement soutenue par M. Kasson, lors de la Conférence de Berlin. A deux reprises différentes, dans la séance du 22 décembre 1884 et dans celle du 31 janvier 1885 (1), le plénipotentiaire des Etats-Unis proposa à la Conférence de déclarer qu'elle entendait respecter les souverainetés barbares de l'Afrique. « Le droit international moderne suit fermement une voie qui mène à la reconnaissance du droit des races indigènes de disposer librement d'elles-mêmes et de leur sol héréditaire. Conformément à ce principe, mon Gouvernement se rallierait volontiers à une règle plus étendue et basée sur un principe qui viserait le consentement volontaire des indigènes dont le pays est pris en possession, dans

(1) Affaires du Congo et de l'Afrique occidentale, *Livre Jaune*, Protocole VI et VIII.

tous les cas où ils n'auraient pas provoqué d'acte agressif... » (1). La Conférence ne crut pas devoir acquiescer d'une manière formelle à la proposition de M. Kasson, qui ne figure pas dans les articles 34 et 35 de l'*Acte général*, consacrés aux conditions de validité de l'occupation sur les côtes d'Afrique. La question fut jugée « trop délicate », ce sont les termes mêmes du protocole, et l'on se borna à insérer au procès-verbal de la séance les considérations exposées par le ministre des Etats-Unis. Pourquoi les diplomates ont-ils jugé nécessaire de se tenir sur une aussi grande réserve ? L'un d'eux nous l'apprend (2) : si on avait posé comme un principe de droit l'obligation pour les puissances signataires de ne s'établir sur le territoire des souverains indigènes, qu'après une cession librement consentie par eux, il aurait fallu en même temps, pour que cette obligation ne restât pas lettre morte, la pourvoir d'une sanction. Telle était bien la pensée de M. Kasson, et, comme suite à sa proposition, il donnait aux puissances signataires la faculté d'apprécier, « au point de vue du *droit* aussi bien que du *fait* », la validité de la prise de possession effectuée par l'une d'elles. C'était là, fait observer Engelhardt, créer une source interminable de conflits, porter atteinte à la dignité et à l'indépendance des Etats : « Pouvait-on raisonnablement se faire à l'idée qu'un gouvernement européen ou américain, au lendemain d'une acquisition coloniale, fût tenu de justifier de la rectitude de ses procédés, de son honnêteté politique, en initiant les cabinets à tous les prélimi-

(1) *Livre Jaune*, Protocole VIII, p. 205.

(2) Engelhardt, Rapport au Ministre des affaires étrangères, *Livre Jaune*, p. 20. — Etude sur la Déclaration de la Conférence de Berlin relative aux occupations, *Rev. de Dr. Int.*, t. XVIII.

naires de son occupation?» (1). Devant ces difficultés, la Conférence refusa de se prononcer d'une manière catégorique.

Mais on commettrait une grossière erreur, si l'on considérait son silence comme équivalent à la négation indirecte du droit de souveraineté territoriale des Etats indigènes. Tout au contraire, les représentants des puissances ont tenu à honneur de montrer qu'ils s'associaient pleinement aux idées généreuses du ministre des Etats-Unis, et chaque fois qu'au cours de leurs délibérations, les intérêts des chefs africains ont été mis en cause, ils n'ont eu qu'un but : sauvegarder ces intérêts dans la mesure du possible. En veut-on une preuve irréfutable ? La commission chargée de délimiter la zône de l'Afrique centrale, ouverte à la liberté du commerce, avait exprimé le vœu que cette liberté « fut étendue à l'Est du bassin du Congo jusqu'à l'Océan Indien, *sous la réserve du respect des droits des souverainetés existantes dans cette région* » (2). Lors de la discussion en séance publique du rapport de la commission, l'ambassadeur de France, sur la proposition duquel ce vœu avait été formulé, demanda qu'il reçut une sanction pratique. M. le baron de Courcel proposait d'insérer à la fin de l'article 1er une clause, par laquelle les puissances signataires s'engageraient à employer leurs bons offices auprès des *gouvernements établis* sur la côte orientale d'Afrique, pour obtenir leur adhésion au régime de la liberté du commerce. C'était un hommage rendu non seulement aux droits du Portugal dans ces régions, mais encore à ceux du sultan de Zanzibar, et en général à ceux de toutes les

(1) *Rev. de Dr. int.*, *loc. cit.*, p. 580.

(2) Rapport de la commission, *Livre Jaune*, Annexe au Protocole III, p. 97.

souverainetés existantes. Notre ambassadeur fut très explicite à ce sujet et sa motion fut acceptée par tous les autres plénipotentiaires (1).

Le représentant de la Belgique ne fut pas moins formel dans son rapport à la commission chargée d'examiner les projets d'actes de navigation pour le Congo et le Niger. Sur la demande du ministre des Etats-Unis : « Les taxes de navigation seront-elles exigées des embarcations ou bateaux appartenant à des tribus indigènes qui ont conservé leur indépendance ? Il n'est pas douteux, a fait observer à cet égard M. le baron Lambermont, que *les droits des peuples ou des Etats indigènes devront être respectés en cette matière comme en toute autre* » (2).

Enfin, la Conférence a encore témoigné sa sollicitude pour les indigènes et son désir d'améliorer leur condition, en prenant des mesures destinées à empêcher la traite terrestre, l'extension des guerres continentales, l'abus des boissons fortes. Nous aurons occasion de revenir sur ce point.

Quelle a été, sur notre question, l'attitude de l'Institut de Droit international ? On se rappelle que pendant la session de Lausanne, la savante Assemblée discuta les deux projets « de déclaration internationale en vue de déterminer les règles à suivre dans les occupations de territoires », qui lui avaient été soumis par MM. Engelhardt et de Martitz. Seul, le projet de M. de Martitz contenait une définition du *territorium nullius*. Art 1er : « Est considéré comme *territorium nullius* toute région qui ne se trouve pas

(1) *Livre Jaune*, Protocole III, p. 80 et Protocole VI, p. 185 à 188.
(2) *Ibid*. Annexe au Protocole V, p. 141.

effectivement sous la souveraineté ou le protectorat d'un des Etats qui forment la communauté du droit des gens, peu importe que cette région soit ou non habitée » (1).

Le procès-verbal de la séance nous révèle les nombreuses critiques soulevées par la lecture de cet article. Pourquoi, objecta M. Engelhardt, exiger qu'un Etat fasse partie de la communauté du droit des gens pour lui reconnaître un droit de souveraineté territoriale? Qu'est-ce au juste que la communauté du droit des gens? Ne comprend-elle que les Etats qui observent toutes les règles du droit international? Mais alors, on est obligé d'en exclure le Maroc, l'Abyssinie, le sultanat de Zanzibar, pays dans lesquels l'esclavage est encore florissant, et il faudrait certainement éliminer des peuples sauvages qui constituent pourtant des Etats « *dignes d'être respectés* », et dont il serait exorbitant de considérer le territoire comme un *territorium nullius*. « Nous trouvons d'autre part, des Etats qu'on est d'accord pour comprendre dans la communauté du droit des gens, et pourtant, au point de vue de la civilisation, ils n'offrent guère plus de garanties que les tribus primitives. Telle est la situation de la République de Haïti, dans laquelle les institutions les plus avancées sont en vigueur et où la révolution règne à l'état endémique » (2). M. Engelhardt proposait donc de substituer à l'article 1er du projet de Martitz la déclaration suivante :

« L'Institut, considérant qu'en fait la plupart des prises de possession effectuées depuis un certain temps sur le continent d'Afrique, ont pour base des

(1) *Annuaire de l'Inst.*, t. IX, p. 247.

(2) Extrait du procès-verbal de la séance du 7 septembre 1888, *Annuaire de l'Inst.*, t. X, p. 176 et suiv.

arrangements avec les chefs indigènes, émet le vœu que cette pratique se généralise et devienne la règle des occupations en pays non civilisés. »

De leur côté, MM. Rivier, président, et Fusinato proposaient de définir le *territorium nullius :* le territoire qui n'est soumis à la souveraineté d'aucun Etat sans distinction, peu importe d'ailleurs qu'il soit ou non habité ; définition absolument conforme à celle que nous avons adoptée.

En résumé, l'article 1er du projet de Martitz, qui laissait la porte ouverte à bien des spoliations, fut rejeté ; ce vote et les quelques citations, que nous avons empruntées au procès-verbal, montrent clairement que les membres de l'Institut étaient en grande majorité favorables à la reconnaissance des souverainetés barbares. Mais n'est-il pas profondément regrettable que l'Assemblée de Lausanne ait cru devoir s'arrêter à un rejet pur et simple et n'ait pas remplacé l'article éliminé par une déclaration nette et franche, d'accord avec les sentiments dont elle était animée ? Ni la proposition de M. Engelhardt, ni celle de M. Fusinato ne furent adoptées, et dans la suite de la discussion, on se contenta de poser les conditions relatives à l'*effectivité* de l'occupation et de tracer les devoirs de l'occupant. « Les règles sur l'occupation des territoires qui sont à formuler, dit M. de Bar au cours des débats, ne doivent s'appliquer qu'aux rapports des puissances civilisées entre elles. Il ne s'agit pas de poser les bases d'un droit naturel et absolu, mais d'établir les fondements d'un droit conventionnel ». Nous croyons, au contraire, qu'une mission plus haute et plus étendue incombait à l'Institut, et qu'il lui appartenait d'élucider un point que les membres de la Conférence de Berlin n'avaient pas osé trancher d'une manière formelle. Quels territoires sont susceptibles d'être occupés? Que faut-il entendre par un *territorium nullius*? On était en droit d'espérer une réponse à cette question, lorsque l'Institut avait entrepris la tâche de compléter les articles 34 et 35 de l'*Acte général* du 26 février 1885. Ses décisions n'ayant qu'une portée purement théorique, les difficultés qui avaient arrêté jadis les représentants des puissances n'existaient pas pour lui.

SECTION IIe

Toute région située en dehors du territoire d'un Etat est susceptible d'occupation.

Telle est la seconde proposition que nous avons tirée de notre définition du *territoriun nullius* et qu'il nous reste maintenant à justifier. Elle embrasse tous les pays qui ne sauraient être considérés comme renfermés dans les frontières d'une puissance. Peu importe d'ailleurs que le pas de l'homme ne les ait pas encore foulés, ou qu'au contraire de simples particuliers, voire même des agrégations d'individus, manquant des principaux caractères constitutifs de l'Etat, s'y soient déjà établis. Nous avons donc à envisager deux hypothèses bien distinctes. Nous exposerons ensuite la doctrine, connue sous le nom de *Doctrine de Monroë*, qui se rattache tout naturellement à l'étude de cette seconde proposition.

§ I. — *Des contrées désertes.*

Il est évident que l'occupation dans cette première hypothèse est absolument légitime, et nul n'a jamais songé à le contester, car il ne peut être question d'offenser le droit d'autrui sous quelque forme que ce soit. L'Etat qui s'empare directement de ces solitudes agit à la fois en qualité de personne internationale et de personne privée. L'occupation lui donne donc un double droit : 1° droit d'exclure désormais de son nouveau domaine tous les autres Etats, ce qui constitue la propriété internationale ; 2° droit d'en disposer et d'en jouir par lui-même, à l'exclusion de tout individu, ce qui constitue la propriété privée.

On rencontre ainsi de temps à autre, disséminées au sein de l'Océan, des îles où nul être humain ne s'est encore aventuré. Simples rochers arides parfois, elles n'en présentent pas moins une grande importance aux yeux des Etats maritimes, soit pour y établir un point de ravitaillement, soit pour en faire une position stratégique (1).

Il importe de remarquer que les îles, qui viendraient à se former dans la mer territoriale d'un Etat, ne peuvent être considérées comme des *res nullius* à la disposition du premier occupant. Elles appartiennent de plein droit à l'Etat riverain. Celui-ci exerce en effet, nous l'avons vu, sur la bande d'eau qui borne son territoire tous les droits nécessaires à la défense et à la sécurité des côtes ; parmi eux, rentre évidemment le droit d'empêcher les nations étrangères de s'établir sur les îlots compris en deçà de la ligne de respect, ce qui constituerait autrement pour lui une menace perpétuelle (2). Et d'ailleurs, il n'y a pas là en réalité une exception aux principes qui régissent l'occupation. L'île née dans l'Océan près des côtes d'un Etat n'est pas plus une *res nullius* en fait qu'en

(1) Ex. : Périm occupé par les Anglais en 1867.

(2) Ortolan, *Domaine int.* p. 58. — Heffter, p. 140. — Blüntschli, art. 295. — Carnazza Amari, t. II, chap. 7, § 20. — Calvo, t. I, § 299.

droit; du moment où elle est comprise dans le rayon soumis à l'action directe et efficace de la puissance établie sur le rivage, on peut dire qu'elle est l'objet d'une possession réelle (1).

Au commencement du siècle, Sir W. Scott (lord Stowell), juge de la cour d'amirauté d'Angleterre, statuant sur la validité d'une capture faite dans les eaux territoriales des Etats-Unis, déclara qu'il était impossible de considérer les îles formées à l'embouchure du Mississipi comme indépendantes du continent américain et n'appartenant à personne (2). Cette décision, juste en elle-même, s'appuyait à tort sur le principe romain : *Quod vis fluminis de tuo prœdio detraxerit et vicino prœdio attulerit palam tuum remanet.* Un tel principe s'applique aux portions reconnaissables de terrains enlevées violemment, et non aux alluvions formées successivement de matières diverses qui ont perdu leur forme première, comme c'était le cas ici. Pour écarter la possibilité d'une prise de possession de la part des puissances étrangères, il suffisait d'invoquer les deux motifs que nous avons indiqués plus haut.

A *fortiori*, les îles, qui se forment dans les fleuves servant de limite entre deux Etats, appartiennent-elles de plein droit au riverain dans les frontières duquel elles se trouvent placées. Le *thalweg* sert de ligne de démarcation. Quant aux îles situées au sein des mers fermées et des lacs, doit-on les considérer comme des *res nullius*? Nous avons déjà traité ce point (3).

(1) V. *infrà*, chap. VI.
(2) Wheaton *Elém. de Dr. inter.* tome I, ch. IV, § 7.
(3) V. *suprà*, chap. II, § II.

§ II. — *Des régions habitées par de simples colons ou des hordes sauvages sans organisation politique.*

Il n'y a plus place ici pour l'acquisition de la propriété privée ; ce droit existe déjà au profit des habitants du sol et ne saurait leur être enlevé. Mais, selon nous, tout Etat conserve encore la faculté d'englober ces régions sous sa souveraineté, sans qu'il puisse être accusé d'agir en spoliateur. Le droit qu'il acquiert, en effet, en étendant son *dominium* et son *imperium* sur de semblables territoires, il n'en dépouille personne, car les premiers occupants n'avaient pas qualité pour l'exercer ; et, d'autre part, il laisse à ceux-ci le seul droit que l'occupation avait pu leur donner. Par suite des différences profondes qui distinguent la propriété internationale de la propriété privée, rien ne s'oppose à la coexistence de ces deux droits, et si parfois ils sont réunis dans la même main, le plus souvent au contraire ils restent séparés.

La situation des premiers occupants sera, il est vrai, un peu modifiée ; jusque-là ils vivaient dans la plus complète indépendance, ils vont se trouver désormais régis par des lois, et leur propriété réglementée et soumise à certaines restrictions n'aura plus la même plénitude qu'auparavant. Mais il nous semble que l'intérêt général doit l'emporter sur l'intérêt particulier ; et si on ne peut l'invoquer pour légitimer une véritable spoliation, il peut du moins servir à justifier cette légère atteinte au droit de propriété.

Vattel, si large d'habitude en matière de colonisation, fait preuve, en notre espèce, d'un rigorisme exagéré. « Lorsque plusieurs familles indépendantes sont établies dans une contrée, elles en occupent le domaine libre, mais sans empire, puisqu'elles ne forment point une société politique. Personne ne peut s'emparer de l'empire dans ce pays-là, ce serait assujettir ces familles malgré elles, et nul homme n'est en droit de commander à des gens nés libres, s'ils ne se soumettent volontairement à lui » (1).

En poussant jusqu'au bout la théorie du jurisconsulte, on arrive à des conséquences telles, qu'elles suffisent à la rendre insoutenable. Supposons qu'une puissance, respectant ainsi l'indépendance de quelques colons, s'empare successivement de toutes les terres vacantes situées autour de leurs premiers établissements. Les voilà enclavés dans le territoire de cette puissance, seront-ils encore libres de refuser ses lois ? Et s'ils renoncent à leur indépendance, auront-ils le droit de choisir un autre Etat pour se placer sous sa domination ? Evidemment non.

Nous admettons de même, comme parfaitement légitime, l'occupation de contrées habitées par des hordes sauvages vivant à l'état tout à fait rudimentaire. Ici encore nous nous trouvons en présence d'un droit de propriété privée, digne de respect, mais c'est tout. Il est impossible de reconnaître à des peuplades qui n'offrent même pas l'apparence d'une société politique un droit de souveraineté territoriale, et les arrangements conclus avec elles ne porteront que sur l'acquisition du sol à titre privé ; l'occupation reste le seul mode d'acquérir la souveraineté sur ces contrées.

Rapprochée de ce que nous avons dit précédemment, cette règle montre bien quel est notre *criterium* pour décider si la prise de possession d'un pays habité doit être considérée comme légitime ou illégitime. Les indigènes sont-ils groupés de façon à cons-

(1) L. II, ch. VII, § 97.

tituer un Etat, l'occupation de leur territoire est tout aussi injuste en droit des gens qu'en droit privé. Vivent-ils au contraire sans organisation politique, ils ne détiennent le sol qu'à titre particulier, leur territoire reste en droit des gens un *territorium nullius.*

Mais après avoir cherché à proscrire autant que possible l'arbitraire dans les relations entre civilisés et barbares, n'allons-nous pas tomber nous-même dans cet écueil? Qui jugera le point délicat de savoir où commence et où finit la société politique, et quels sont les caractères qui la constituent? Les puissances colonisatrices elles-mêmes, c'est-à-dire les intéressés! Certes, notre distinction est loin d'être à l'abri de tout reproche et laisse de son côté place à l'arbitraire, nous ne faisons aucune difficulté de le reconnaître. Mais quel est le système qui en sera complètement exempt? Il n'existe pas au-dessus des Etats de tribunal suprême pour juger la légitimité de leurs actes et ils sont entre eux sur un pied d'égalité parfaite; dès lors, chacun reste libre d'apprécier, comme il l'entend, les règles destinées à régir sa conduite. Ce qu'il faut donc rechercher, c'est le système qui laisse le moins de latitude à la faculté d'appréciation. En proclamant que l'Etat civilisé seul a droit à la propriété de son territoire, on donne libre cours à l'arbitraire, car « il n'existe pas de concept rationnel de la civilisation en soi » (1); il est impossible de définir la civilisation. Aussi n'avons-nous pas hésité à repousser ce système. Au contraire, supposons un instant la distinction que nous avons établie, admise par les puissances colonisatrices comme un principe de droit international; le plus souvent, il leur sera bien diffi-

(1) D'Orgeval, Les Protectorats allemands, *Annales de l'Ecole libre des sciences politiques*, 15 octobre 1890, p. 713.

cile de se refuser à voir dans une tribu sauvage une société politique, alors que celle-ci présente réellement les caractères constitutifs de l'Etat. Il existe, en effet, certains peuples sur la situation desquels on ne peut se méprendre. Voici comment M. Viard, un des explorateurs du continent africain, nous décrit l'organisation des Egbas, établis entre le Dahomey et un affluent du Niger : « Trois corps assurent le fonctionnement politique, judiciaire et administratif dans chaque ville. A part le chef, qui a le titre de roi, il y a : les *Ologun* (guerriers), les *Okbonis* (corps civil répondant à nos municipalités), les *Parakoi* (chambres de commerce). Il y a ensuite les personnes considérables de la nation; l'ancienne noblesse qui ne forme pas de corps proprement dit, mais dont l'influence n'est pas moins réelle. Les trois corps de la ville d'Aké ont la prépondérance sur ceux des autres villes. Ce sont eux qui décident à peu près souverainement des questions qui touchent aux intérêts généraux de la nation ; puis, au-dessus de tout, vient le roi des Egbas, nommé par les corps des villes réunies. L'autorité du roi est restreinte ; seul il ne peut rien faire ni décider. Il a l'initiative des questions, mais leur solution dépend des décisions prises en assemblée par les corps de la ville d'Aké. Chaque ville a une maison municipale, où se réunissent hebdomadairement tantôt les *Okbonis*, pour délibérer sur les affaires publiques, tantôt les *Parakoi*, pour la discussion des questions commerciales » (1). Nous sommes donc en présence d'une véritable monarchie constitutionnelle. L'empereur de l'Ouganda nous apparaît, au contraire, comme l'un des souverains indigènes les plus puissants et en même temps les plus despotes de l'Afrique orientale. Il gou-

(1) *Annuaire de l'Institut*, t. X, p. 178.

verne seul avec son premier ministre ou *Katêkiro* ; une armée de cent cinquante mille hommes, une flotte de deux cent trente canots, assurent son autorité, du lac Victoria au lac Albert-Edouard, sur une superficie de 180 mille kilomètres carrés y compris les pays qui paient tribut à l'Ouganda et reconnaissent sa suzeraineté (1).

En résumé, le pays des Egbas et l'Ouganda, situés aux deux extrémités du continent africain, nous représentent, avec une constitution totalement différente, des Etats parfaitement organisés.

En sens inverse, certaines peuplades doivent être considérées à *priori* comme de simples groupements d'individus sans aucun caractère politique. L'immense forêt équatoriale, parcourue par Stanley pendant son dernier voyage, renferme au dire du célèbre explorateur des êtres si étranges, qu'en lisant le récit de leur vie et de leurs mœurs on peut se demander si c'est un voyageur qui parle ou un romancier à l'imagination féconde (2). Mais Schweinfurth et Miani nous avaient déjà signalé dans la région du Haut-Nil l'existence de pygmées semblables aux pygmées décrits par Stanley.

Inutile d'insister davantage ; nous avons simplement voulu montrer par ces exemples que dans certains cas l'occupation, d'après notre théorie, se présentera de prime abord comme légitime ou illégitime.

Malheureusement les peuples barbares sont loin

(1) Stanley, *A travers le continent mystérieux*, t. I. *passim*.

(2) C'est dans la partie située entre Ipoto et le mont Pisgah que l'on rencontre les nains Batoua, Akka, Bazoungou, connus sous le nom générique de Ouamboutti. Ils vivent uniquement du produit de leurs brigandages, ravageant les cultures et les bananeraies des tribus agricoles dont ils sont la terreur. Stanley, *Dans les ténèbres de l'Afrique*, t. II, ch. XXIII.

d'offrir tous un aspect aussi tranché, et c'est alors que l'arbitraire est à craindre de la part des gouvernements civilisés. A l'aide des principes posés par les publicistes, essayons d'établir les conditions indispensables et en même temps suffisantes pour qu'une tribu sauvage puisse être considérée comme constituant un Etat.

Cicéron a défini l'Etat : *cœtus multitudinis juris consensu et utilitatis communione socialus* (1). Reproduite à peu près par Grotius (2) et Pufendorf (3), cette définition a le tort d'être trop vague, et nous lui préférons de beaucoup celle donnée par Klüber (4) : « Un certain nombre d'hommes et de familles qui, s'étant réunis dans un pays et y ayant fixé leurs demeures, s'associent et se soumettent à un chef commun, dans l'intention de veiller ensemble à la sûreté de tous, forment un Etat. » Ainsi : une population régie par des lois, une autorité souveraine chargée de les faire respecter et régulièrement organisée, un territoire déterminé, tels sont les trois caractères auxquels se reconnaît un Etat. Nous insistons particulièrement sur la dernière condition, la fixité territoriale, omise par Grotius et Pufendorf, et que les publicistes modernes sont presque unanimes à exiger (5). Les tribus nomades, sans domicile fixe, sans territoire propre, constituent donc plutôt de simples associations, que de véritables Etats. Par suite elles ne peuvent

(1) *De republica*, liv. I, c. 25.
(2) *Le droit de la guerre et de la paix*, L. I, ch. 2, § 14.
(3) *De Jure Naturæ et Gentium*, t. II, l. VII, chap. II, § 13.
(4) Chap. I. § 20.
(5) V. Wheaton, *Elém. du dr. int.*, tome I, chap. II, § 2. — Heffter, § 15. — Blüntschli, *Droit int. codifié*, art. 20, l'*Etat*, p. 12. — Carnazza-Amari, tome I, §§ 1 et 8. — Calvo, tome I, liv. II, § 39. — Ortolan, *Règles intern. et diplomatie de la mer*, tome I, § 11.

exercer un droit de propriété internationale sur l'ensemble des pays qu'elles parcourent et empêcher les puissances colonisatrices de les englober sous leur souveraineté, au moins pour partie. Comme le fait observer Vattel, « leur habitation vague dans ces immenses régions ne peut passer pour une véritable et légitime prise de possession » (1). Parce qu'il plaît à certaines peuplades, dédaignant la culture de la terre, de vivre exclusivement du produit de leur chasse et de leur pêche et de s'attribuer dans ce but de vastes contrées, qu'elles ne font que traverser, les autres peuples seront-ils obligés de respecter de semblables prétentions ? Cela paraît inadmissible et, à la condition de laisser à ces peuplades les moyens de pourvoir à leur existence, on doit permettre aux puissances colonisatrices de s'établir à leurs côtés.

Le traité anglo-français du 5 août 1890 place dans notre zône d'influence une grande partie du Sahara. Triste acquisition que ce désert aride ! Mais elle servira du moins à relier l'Algérie à nos possessions du Sénégal et du golfe de Guinée, et à nous ouvrir une voie d'accès dans le Soudan (2). La plus grande difficulté à vaincre pour la réalisation de ce plan sera

(1) Sur ce point Vattel semble d'ailleurs se contredire. Après avoir posé dans le § 97 « que les familles errantes dans un pays, comme les peuples pasteurs, » ont un droit exclusif sur le terrain qu'ils parcourent, il admet plus loin (§ 209) qu'on peut les resserrer. Liv. II, chap. VII.

(2) Dans ce but, les Chambres seront prochainement saisies d'un projet de loi, relatif à la construction d'un chemin de fer transsaharien partant des frontières de l'Algérie et se dirigeant vers le lac Tchad, avec embranchement vers Bouroum sur la boucle du Niger, en aval de Timbouchtou. Des divers tracés proposés, celui du général Philebert et de M. Rolland, ingénieur des mines, par Biskra, Ouargla et Amguid, semble avoir le plus de chance d'être accueilli. V. leur brochure : *La France en Afrique et le Transsaharien.*

certainement l'hostilité des Touaregs, hordes essentiellement nomades qui parcourent cette partie du Sahara et se considèrent comme les maîtres du désert. Si la France ne peut parvenir à entrer en arrangements avec eux, devra-telle renoncer à ses projets et s'incliner devant un droit de propriété absolument illusoire ? Personne, croyons-nous, n'oserait le soutenir et déclarer illégitime l'emploi de la force en vue de cantonner une peuplade qui ne vit que de rapines et de pillages, dépouillant et massacrant les caravanes qui s'aventurent dans le désert. « *Nec cœtus piratorum aut latronum civitas est, etiam si forte æqualitatem quamdam inter se servent, sine qua nullus cœtus posset consistere* » (1).

Quelle était la situation des tribus Indiennes de l'Amérique septentrionale, au moment où les premiers colons européens vinrent s'établir sur le territoire occupé aujourd'hui par les Etats-Unis ? Bancroft nous représente les aborigènes à l'est du Mississipi, comme ignorant tout principe politique et livrés à leurs seuls instincts. « Leur forme de gouvernement découlait de leurs passions et de leurs besoins et étaient par conséquent presque partout les mêmes. Sans code de lois, sans reconnaissance nette d'une transmission successive du pouvoir souverain, soit par hérédité, soit par élection, le gouvernement se comportait convenablement, grâce à l'influence du génie natif, de la vertu et de l'expérience » (2). D'autres historiens, au contraire, accordent à ces mêmes tribus une organisation moins rudimentaire (3),

(1) Grotius, *op. cit.*, lib. III, cap. III, § 11.
(2) *Histoire des Etats-Unis*, tome IV, p. 281.
(3) Hildreth, *Hist. des Etats-Unis*, tome I, *passim*. -- Nolte, *Hist. des Etats-Unis d'Amérique*, tome 1, p. 18.

mais tous sont d'accord sur ce point que la plupart d'entre elles s'adonnaient principalement à la chasse et à la pêche et menaient la vie nomade. Les Indiens, en général, méprisaient la culture et leur plus vive imprécation contre un ennemi mortel était qu'il fut réduit à labourer la terre. « Ils ont toujours été essentiellement nomades, écrit Nolte, ne pouvant se fixer que pour un temps relativement court dans le même endroit ; la principale cause de leurs déplacements tient à leur habitude d'abattre et de faire servir à leurs besoins domestiques tous les arbres du voisinage. Sitôt que le lieu de leur campement commence à se trouver dégarni, le conseil des chefs est réuni et, selon la décision prise, la tribu se transporte dans une autre partie du territoire souvent peu éloignée » (1).

Nous avons montré combien avait été injuste la conduite des gouvernements européens vis-à-vis des Etats policés de l'Amérique, tels que le Mexique, le Pérou etc., ou d'Etats moins avancés en civilisation ; nous avons vu qu'ils n'avaient respecté ni la souveraineté des chefs indigènes, ni la propriété privée de leurs sujets ; à l'égard des tribus de l'Amérique septentrionale, leur conduite ne fut pas moins coupable. Et cependant ici, en se contenant dans de justes limites, l'occupation n'avait rien que de très légitime. Les immenses forèts, parcourues par ces associations de chasseurs, offraient assez de régions *res nullius* en droit des gens comme en droit privé, pour qu'on pût s'y établir sans léser le droit des premiers habitants, en les forçant simplement à restreindre le champ de leurs excursions. Mais la fertilité et la richesse du sol allumèrent la convoitise des premiers colons, et, la hache d'une main, la carabine de l'autre,

(1) *Op. cit. loc, cit.*

ils procédèrent systématiquement au défrichement de la forêt et au massacre des Indiens, au mépris de tous les droits de l'humanité. S'il est permis de forcer un peuple nomade à se cantonner, nul n'a le droit de le chasser de sa demeure originaire, et cependant « en s'établissant sur le sol d'Amérique, l'Européen a refoulé ou détruit les peuples indigènes, comme certaines espèces du règne végétal envahissent et gardent le domaine de la flore native » (1).

On rencontre, il est vrai, quelques rares exceptions. Tous les auteurs citent la modération et la loyauté déployées par Guillaume Penn dans ses rapports avec les Indiens, lors de la colonisation de la Pensylvanie (1681) (2). Jacques Oglethorpe (1733) suivit dans la Géorgie l'exemple de Guillaume Penn ; bien qu'il eût obtenu du roi d'Angleterre la concession de ce territoire, il paya aux Indiens une certaine somme en compensation de la perte qu'il leur faisait subir (3) ; et les Indiens respectèrent la Géorgie comme ils avaient respecté la Pensylvanie.

La politique du gouvernement américain, depuis le commencement de ce siècle, malgré son apparence philantropique, est en réalité tout aussi condamnable que celle des Etats de l'Europe après la découverte du Nouveau-Monde. Aujourd'hui les tribus indiennes ont été à peu près complètement rejetées de l'autre côté du Mississipi, dans la région comprise entre la rive Ouest de ce fleuve et les Montagnes Rocheu-

(1) Engelhardt, Etude sur la déclaration de la Conférence de Berlin. *Rev. de Dr. Int.*, tome XVIII, p. 575.

(2) Bancroft, *op. cit.*, tome III, ch. XVI. — Nolte, *op. cit.* tome Ier, ch. XI.

(3) Nolte *op. cit.*, tome Ier, chap. XLV.

ses (1), et encore n'ont-elles pas gardé longtemps le droit d'errer librement dans cette vaste contrée ; la marée montante de la colonisation et de l'émigration les a suivies dans le *Far-West*. Il est vrai que le gouvernement de Washington, lorsqu'il veut de nouveau les resserrer, conclut avec elles des traités pour l'achat de leur territoire. Le Congrès a découpé sur la carte d'immenses parallélogrammes, baptisés du nom de *réserves* ou territoires de chasse, tels que le territoire Indien, une partie du Dahcota, de l'Iowa etc., réserves qui sont assignées aux sauvages en échange des terres qu'on leur prend; ils doivent en avoir la propriété exclusive sans que les blancs puissent y pénétrer. Mais ces traités, le gouvernement est le premier à les violer, et « la langue fourchue des visages pâles » est passée en proverbe chez les Indiens pour désigner la fraude et la mauvaise foi. Les pionniers ne se laissent pas arrêter par les limites des réserves ; peu à peu ils les franchissent et, sur leurs instances, le gouvernement se décide à refouler les tribus un peu plus à l'Ouest. Ces dernières, devant la violation constante et hypocrite de leurs droits, se révoltent jusqu'au moment où, écrasées par le nombre et la supériorité des troupes américaines, elles sont obligées de consentir à une nouvelle cession de territoire. La récente insurrection des Sioux, terminée par l'anéantissement

(1) Nous citerons notamment la puissante tribu des Creeks, établie actuellement sur le territoire Indien et qui, à l'arrivée des Européens, parcourait le pays occupé par la Géorgie, l'Alabama et le Ténessé. En 1826, le président John Quincy Adams acheta aux Creeks, moyennant 217,600 dollars et une rente perpétuelle de 20,000 dollars, tout ce qui leur restait de terrain en Géorgie et les refoula sur la rive Est du Mississipi. Six ans plus tard, ils étaient obligés de passer le fleuve et de se cantonner dans le territoire Indien. Même traitement infligé aux Cherokees. V. Nolte, *op. cit.* tome II, ch. XXXII.

presque total de la tribu, n'est qu'un épisode de cette sombre histoire qu'un philantrophe américain a eu le courage d'écrire (1). Il est avéré aujourd'hui que ce soulèvement n'a eu d'autre cause que les exactions commises par les agents du gouvernement américain et le mépris complet des clauses du traité de 1877.

Quoi de plus éloquent, d'ailleurs, que les chiffres ! Il existait encore, en 1852, 400,000 Indiens sur le territoire des Etats-Unis ; en 1866, ce chiffre était tombé à 300,000 ; en 1870, il n'était plus que de 238,000, en dehors du territoire d'Alaska (2) ; et depuis les dernières guerres ce nombre a dû largement diminuer. Encore quelques années, et il ne restera plus aux Etats-Unis de la race primitive du nouveau continent que le souvenir !

En résumé, ce que nous reprochons aux gouvernements européens, ce n'est pas d'avoir pris pied jadis sur l'Amérique septentrionale et d'en avoir tenté la colonisation. Nous le répétons, elle pouvait être considérée au moins dans une certaine proportion comme une *res nullius*. Ce que nous leur reprochons, c'est d'avoir complètement méconnu le *droit indien d'occupation* et d'avoir voulu posséder ce vaste continent sans partage avec les premiers habitants.

§ III. — *Doctrine de Monroë.*

Pour bien comprendre le sens et la portée de la déclaration contenue dans le message du président Monroë au Congrès du 2 décembre 1823, déclaration qui a conservé le nom de *Doctrine de Monroë*, il est nécessaire de dire quelques mots des faits qui l'amenèrent.

(1) Msr. Jackson, *Century of Deshonours*.
(2) Jeannet, *Histoire des Etats-Unis*, t. II, ch. XXII, p. 139, n. 2.

Les colonies espagnoles et portugaises du Nouveau-Monde étaient alors en pleine insurrection, et s'efforçaient de se séparer de leurs métropoles pour se proclamer indépendantes. On pouvait craindre que, fidèles aux résolutions prises par elles dans les Congrès d'Aix-la-Chapelle, Laybach et Véronne, relativement à l'intervention, la France, la Prusse, la Russie et l'Autriche ne fournissent à l'Espagne et au Portugal aide et protection pour maintenir leurs colonies sous le joug. D'autre part, vers la même époque, des discussions étaient engagées entre la Russie et les Etats-Unis au sujet de la possession des côtes Nord-Ouest du continent américain. Tels sont les deux ordres de faits qui provoquèrent les deux propositions bien distinctes, formulées par le président Monroë (1).

Dans la première, il établit le principe suivant : la politique des Etats-Unis consiste à ne jamais s'interposer dans les affaires intérieures d'aucun Etat européen ; mais, en retour, ils ne permettront pas aux puissances européennes d'intervenir sur une partie quelconque du nouveau continent, considérant qu'il en résulterait pour eux un danger réel ; « la véritable politique des Etats-Unis est toujours de laisser à elles-mêmes les parties contendantes, dans l'espoir que les autres puissances suivront le même système. » Appliquant cette politique au débat alors engagé entre les colonies espagnoles et la métropole, les Etats-Unis entendaient rester neutres, mais exigeaient qu'aucun gouvernement européen ne vînt en aide à l'Espagne.

Cette première proposition ne tendait pas, à vrai dire, à poser une règle de droit public spécialement adaptée au continent américain. Tout Etat a le droit

(1) Calvo, t. I, liv. III, § 148 et suiv.

de « s'opposer à l'intervention d'une puissance étrangère dans les affaires intérieures d'un Etat limitrophe, que les Etats intervenants soient situés sur le même continent ou que l'agression vienne de l'autre côté de l'Océan » (1). La déclaration présidentielle ne fait donc ici que proclamer un principe du droit des gens et elle semble par là même échapper à toute critique. Nous n'insisterons pas d'ailleurs sur une question qui sort du cadre de notre sujet.

La deuxième proposition nous touche, au contraire, directement. « On a jugé l'occasion favorable, disait le président Monroë, pour faire reconnaître comme un principe, auquel sont liés les droits et les intérêts des Etats-Unis, que les continents américains, d'après l'état de liberté et d'indépendance qu'ils se sont acquis et dans lequel ils se sont maintenus, ne peuvent être considérés à l'avenir comme susceptibles d'être colonisés par aucune puissance européenne. » En d'autres termes, nulle parcelle du Nouveau-Monde ne saurait passer aux yeux des Etats de l'Europe pour vacante et sans maître, et toute prise de possession de leur part, basée sur la priorité d'occupation, doit être déclarée illégitime. Ne faut-il voir là, comme dans le cas précédent, qu'une juste application d'un principe du droit des gens? Le message présidentiel se bornait-il simplement à affirmer que le droit public de l'Amérique est le même que celui de l'Europe et repose exactement sur les mêmes bases? Quelques auteurs l'ont soutenu (2). A notre sens, cette seconde proposition ne renferme qu'une prétention tout à fait exorbitante et purement arbitraire, étant donnée surtout

(1) Beach Lawrence, *Comm. sur Wheaton*, t. II, p. 312.

(2) Calvo, t. 1, § 166. — Pasquale Fiore, *Nouv. Dr. Int.*, t. II, § 848.

l'époque où elle fut formulée. Sans doute, dès qu'un Etat existe sous une forme quelconque, il exerce sur l'ensemble de son territoire un droit de propriété internationale. Vis-à-vis des autres puissances, ce territoire doit être regardé comme un et indivisible, comme une *universitas*, et si l'Etat laisse à l'intérieur de ses frontières certaines régions incultes, elles n'en sont pas moins soumises à sa souveraineté territoriale : nul ne peut s'en emparer sans agir en spoliateur. C'est là un principe généralement admis. Oui, mais que faut-il entendre par le territoire d'un Etat? On l'a défini : l'espace dans lequel les dépositaires de l'autorité publique ont la faculté de faire exécuter les décisions du souverain par l'emploi de la force, en un mot toute l'étendue du pays soumis à une domination réelle et effective. Ceci posé, il est bien certain qu'en 1823, à l'apparition du message présidentiel, le nouveau continent n'était pas occupé et possédé tout entier de cette façon. Il existait encore des contrées ne se trouvant renfermées dans le territoire d'aucun Etat américain ou autre et offrant par conséquent le caractère de *territorium nullius*. Dès lors, sur quel fondement s'appuyait M. Adams (1) pour en défendre l'acquisition aux puissances européennes par voie d'occupation? Nous n'en voyons d'autre que l'intérêt seul des Etats-Unis qui, en éloignant ces dernières, entendaient se réserver exclusivement tous les avantages de la colonisation ; aussi a-t-on pu dire avec assez de justesse que la doctrine de Monroë se résu-

(1) On considère M. Adams comme le véritable auteur du principe proclamé par le message au sujet de la colonisation européenne. Peu de temps avant la déclaration du 2 décembre, il avait déja pris ce principe comme base de ses instructions au représentant des Etats-Unis à Londres. V. Beach Lawrence, *op. cit.*, t. II, p. 311.

mait ainsi : L'*Amérique aux Américains*. Et lorsque M. Clay, successeur de M. Adams au secrétariat d'Etat, vient de nouveau affirmer que « l'Europe, qui repousserait certainement toute tentative d'implanter chez elle des colonies, est moralement obligée de respecter et de reconnaître ce même droit chez les peuples d'Amérique » (1); nous répondrons que l'occupation qui n'aurait pu s'exercer en Europe sans léser des droits acquis, était encore légitime dans certaines parties du Nouveau-Monde et qu'il était impossible d'assimiler, à ce point de vue, les deux continents. Nous invoquerons d'ailleurs, à ce sujet, un témoignage loin d'être suspect, celui de M. Calhoun, ancien ministre du cabinet Monroë. Au moment où l'on agitait au Sénat, dans la séance du 15 mai 1848, la question de savoir si on appliquerait au Yucatan la partie de la doctrine de Monroë relative à la colonisation européenne, M. Calhoun prit la parole pour démontrer que cette doctrine avait été impolitique et inexacte; « la déclaration, dit-il, allait au-delà du fait » (2).

Il est à peine besoin de dire que la règle arbitraire formulée par les Etats-Unis souleva, dès le début, les plus vives protestations de la part des puissances européennes, et notamment de l'Angleterre. M. Canning, qui avait été d'accord avec le gouvernement de Washington pour empêcher toute intervention dans la révolte des colonies espagnoles, soutint énergiquement le droit de l'Europe de fonder de nouvelles colonies dans les parties non occupées du continent américain. Enfin les principes contenus dans le message présidentiel ne furent jamais solennellement

(1) Calvo, § 164. Correspondance échangée entre M. Clay et M. Poinsett, ministre des Etats-Unis au Mexique.

(2) Beach Lawrence, *op. cit. loc. cit.*

consacrés et rendus obligatoires par un vote législatif, d'où le nom qui leur est resté de *Doctrine de Monroë*.

SECTION IIIe

Du Territorium derelictum.

Des motifs sérieux peuvent déterminer une puissance à abandonner, sans esprit de retour, les établissements primitivement fondés dans quelques régions éloignées et à renoncer, par là même, au droit de propriété internationale que l'occupation lui avait fait acquérir. Les mécomptes éprouvés récemment par certains Etats de l'Europe dans leur entreprise de colonisation, et ceux plus grands encore que l'avenir leur réserve peut-être, portent à croire que cette hypothèse se rencontrera quelquefois de nos jours. Les pays ainsi délaissés rentrent dans la classe des terres vacantes et sans maître et demeurent à la merci du premier occupant.

Il importe tout d'abord de signaler la confusion que l'on serait tenté de faire entre le non-usage et l'abandon. La puissance, qui n'use ni ne profite d'un territoire soumis à sa domination, n'en reste pas moins en principe propriétaire. Pour que le non usage arrive à faire perdre la propriété, il est nécessaire qu'une autre puissance prenne à son tour possession du territoire sur lequel le premier occupant a cessé momentanément d'accomplir des actes de souveraineté, et que sa possession notoire, continue, dure pendant un certain laps de temps. Il y aura alors prescription à son profit ; mais le premier ne perdra sa propriété que parce que le second l'a acquise et au moment seul où cette nouvelle acquisition s'est opérée (1). Au contraire, en cas d'abandon volontaire, le *derelinquens* perd immédiatement la propriété du *territorium derelictum* par le seul fait de l'abandon. « Que le territoire soit ensuite occupé ou non par un autre peuple, peu importe ; s'il ne l'est pas, il reste vacant et sans maître ; s'il l'est, la nation occupante en acquiert immédiatement la propriété sans qu'il soit besoin de condition de temps ou de non interruption de sa part » (2). La perte et l'acquisition de la propriété sont donc dans cette hypothèse deux faits absolument distincts, et non la conséquence l'un de l'autre comme dans le cas de la prescription.

Quand y aura-t-il abandon? On admet en droit des gens, conformément aux principes romains, que le droit de propriété internationale subsiste sans que l'Etat continue la possession corporelle. La disparition du *corpus* seul n'entraîne pas la perte de la propriété ; il faut encore que *l'animus domini* soit abdiqué. « *Cum autem ut res pro derelicta habeatur duo requirantur, primo ut quis nolit esse amplius dominus, deinde ut possessione se rei exuat* » (3). Si donc une puissance, en se retirant d'un pays qu'elle possédait primitivement, déclare formellement renoncer à son droit de propriété, nulle contestation ne pourra s'élever dans l'avenir sur la légitimité d'une nouvelle occupation ; il y a bien eu abandon véritable et le territoire délaissé est redevenu *territorium nullius*. Mais c'est là une hypothèse assez rare en prati-

(1) Nous rappelons que plusieurs auteurs rejettent la prescription. V. Introduction.

(2) Ortolan, *Domaine int.*, p. 113.

(3) Pufendorf, *op. cit.*, t. Ier, l. IV, chap. VI, § XII. — Cpr. Chrétien Thomasius, notes sur Huber, *De Jure civitatis*, L. II, S. II, § 43 et Gottlieb Gérard Titius, dans sa *Dissertatio de Dominio in rebus occupatis ultra possessionem durante*.

que. Le plus souvent la renonciation à *l'animus domini* sera tacite et s'induira seulement des circonstances qui ont accompagné la perte du *corpus*. Le cas suivant ne peut faire doute pour personne : une puissance a été contrainte par la force à quitter un pays soumis à sa souveraineté ; elle a conservé évidemment l'*animus rem sibi habendi* puisqu'elle n'a délaissé que sous l'empire de la violence ; son droit de propriété subsiste.

Mais que décider, si les troubles étant venus à cesser, elle ne fait aucune tentative pour rentrer dans sa possession. Ne peut-on voir dans son inaction une abdication de l'*animus domini*? Il est vraisemblable qu'elle juge inutile de garder dans son domaine un territoire qui pourrait lui susciter à l'avenir de nouvelles difficultés, de nouveaux périls. Pufendorf se prononce pour l'abandon : « *Occupatione quoque acquiruntur res in quibus dominium... plane est extinctum; id quod sit, si... vel si ab initio quidam invitus ejus possessionem amittat, deinceps tamen pro derelicta eamdem habeat, vel quia recuperationem desperat, vel quod tanti ejus recuperatio non sit...* » (1). De même, lorsqu'un Etat quitte une de ses possessions sans qu'aucune cause apparente justifie cette retraite, l'*animus* semble bien faire défaut en même temps que le *corpus*, et cependant tel mobile peut l'avoir inspiré qui échappe à l'appréciation des puissances intéressées ; il est bien difficile de préjuger la question de savoir s'il a conservé ou non l'esprit de retour. Toutefois la situation ne saurait se prolonger indéfiniment, et si un délai raisonnable s'était écoulé depuis la retraite des anciens possesseurs sans qu'aucun obstacle ne s'oppose à leur retour, nous

(1) *Op. cit. loc. cit.*

admettrions volontiers que les autres Etats seraient en droit de considérer le territoire délaissé comme vacant et sans maître ; l'occupation leur en assurerait la propriété immédiate. Ceci, alors même qu'en quittant le pays on y aurait laissé ce que Klüber (1) et Pradier-Fodéré (2) appellent des « *écriteaux de souveraineté* », c'est-à-dire des inscriptions mentionnant la propriété de l'Etat qui délaisse. Telle l'inscription que le lieutenant Clayton fit graver sur une plaque de plomb et attacher au fort Egmont, lorsque les Anglais se retirèrent des îles Malouines en 1774 (3). Tout ce que l'on peut accorder dans cette hypothèse, c'est de reculer le terme du délai qui doit marquer la disparition de *l'animus domini*.

En résumé, la double perte du *corpus* et de l'*animus* constitue en droit le *criterium* auquel se reconnaît l'abandon volontaire et réel, sans esprit de retour, le seul capable de faire évanouir le droit de propriété du *derelinquens ;* mais, en fait, rien n'est plus délicat que d'établir la disparition du second de ces deux éléments. Aussi ne faut-il pas s'étonner des nombreuses contestations que cette question a fait naître entre les Etats.

Citons notamment la longue discussion qui s'est élevée jadis entre la France et l'Angleterre au sujet de l'île de Sainte-Lucie, l'une des Antilles. Abandonnée en 1640 par les Anglais, elle fut occupée dix ans plus tard par la France qui soutint que cette prise de

(1) § 140, note *a*.
(2) Tome II, chap V., §. 851.
(3) Calvo, tome 1er, l. V., § 287. — Dans l'espèce, cette inscription était d'autant plus dépourvue de valeur que le gouvernement anglais avait déclaré reconnaître le droit de souveraineté de l'Espagne sur les îles Malouines. V. *infrà*, chap. V., Sect. I, § 2.

possession effective d'une terre n'appartenant alors à personne lui en avait conféré la propriété légitime et immédiate. De leur côté, les Anglais prétendaient n'avoir quitté Sainte-Lucie que contraints et forcés par la révolte des naturels, et avoir conservé, avec l'esprit de retour, leur droit de propriété sur l'île. La discussion durait encore en 1751 et 1754 et donna lieu, à cetté époque, à de volumineux mémoires rédigés par les commissaires nommés de part et d'autre (1).

Notre siècle nous offre deux exemples remarquables de conflits de même nature.

Après d'interminables débats, le Portugal et l'Angleterre soumirent (1872) à l'arbitrage du Président de la République française leur différend relatif à la possession de la baie de Delagoa, sur la côte orientale d'Afrique. Le litige avait eu pour point de départ l'occupation par les Anglais, en 1823, des territoires de Tembé et Mayuto, dans lesquels la baie se trouve enclavée; tandis que le Portugal revendiquait ces mêmes territoires en vertu de la priorité de découverte au XVe siècle et de la prise de possession qui l'avait suivie (2). Son droit de propriété, ajoutait-il, n'avait rien perdu de sa force par suite du retrait momentané de ses troupes, au moment de l'occupation anglaise. Dans sa sentence arbitrale, le maréchal de Mac-Mahon se prononça en faveur du Portugal : « Si l'impuissance passagère de l'autorité portugaise a pu, en 1823, engager le capitaine Owen à commettre de bonne foi l'erreur de regarder comme indépendants de la cou-

(1) V. *Mémoires des commissaires du Roi et de ceux de S. M. britannique sur les droits respectifs des deux couronnes en Amérique*. Tome Ier. — Finalement Sainte-Lucie resta à la France ; après des alternatives diverses, elle est redevenue aujourd'hui possession anglaise.

(2) Calvo, t. III, §, 1720.

ronne de Portugal les chefs indigènes des territoires en litige, il ne s'ensuit pas moins que les actes qu'il a conclus avec eux étaient contraires aux droits du Portugal » (1).

Enfin, plus récemment, l'occupation de Massaouah par l'Italie a amené entre cette puissance et la France un échange de notes diplomatiques où la question d'abandon est longuement discutée.

Le 5 février 1885, le gouvernement italien plantait son drapeau à Massaouah. Dans le courant de 1888, le commandant supérieur des forces italiennes ayant frappé d'impôts les établissements publics, cet acte fut immédiatement suivi d'une protestation énergique de la France, par l'intermédiaire de M. Goblet alors ministre des affaires étrangères, tant au nom de ses nationaux que des sujets grecs, qui n'ayant pas de consul à Massaouah se trouvaient placés sous la protection de notre vice-consul. Elle se basait sur les deux points suivants : 1° Massaouah, *n'ayant pas cessé de faire partie du territoire ottoman*, doit toujours être considéré comme un pays de capitulations, et, par suite, les sujets des gouvernements européens échappent à toute taxation d'un caractère fiscal, qui n'a pas été prévue par une convention entre ces gouvernements et l'autorité locale ; 2° en admettant que Massaouah ait passé sous l'administration italienne, les capitulations ne peuvent être supprimées *ipso facto*, mais après entente préalable (2).

De ces deux propositions la première seule nous intéresse; le territoire de Massaouah était-il aban-

(1) La sentence fut rendue le 24 juillet 1875. Calvo, *loc. cit.*

(2) Note communiquée par le chargé d'affaires de France à Rome à M. Crispi, ministre des affaires étrangères, 22 juillet 1888. *Archives diplomatiques* 1889, t. XXXII, p. 93 et s.

donné par la Turquie au moment de l'occupation italienne, et dès lors la prise de possession en était-elle légitime conformément aux principes du droit des gens? M. Crispi n'hésite pas à voir dans Massaouah un *territorium derelictum* ; le fait de la part du Khédive d'avoir retiré les troupes qui y tenaient garnison, le refus de la Turqnie de les remplacer par de nouvelles forces, sont à ses yeux des preuves suffisantes (1). On pourrait objecter tout d'abord qu'au moment où les Italiens entrèrent à Massaouah, les troupes égyptiennes ne l'avaient pas encore complétement évacué et que le drapeau égyptien continua même de flotter pendant près d'un an à côté du drapeau italien. M. Crispi ne s'en embarrasse guère ; « le fait, dit-il, que quelques détachements égyptiens ne se retirèrent que dans les 10 mois qui suivirent, au fur et à mesure des besoins du gouvernement khédivial, n'infirme en rien cette assertion. Massaouah était virtuellement abandonné. Que le nouvel occupant se substituât un peu plus tôt, un peu plus tard, au gouvernement égyptien, c'était une question secondaire et de pure opportunité, et il a été démontré qu'à tous égards mieux valait une sorte de *condominium* provisoire, évitant l'interruption des services publics... » (2). En d'autres termes, d'après lui, la Turquie avait déjà abdiqué l'*animus domini*, la perte complète du *corpus* n'était plus qu'une affaire de temps, il y avait donc bien véritablement *derelictio* et Massaouah pouvait être considéré comme une *res nullius*.

Nous ne voyons rien, pour notre part, dans la conduite de la Turquie qui puisse faire présumer son

(1) Dépêche de M. Crispi aux représentants du roi à l'étranger, 25 juillet 1888, *Arch. diplom.*, *loc. cit.* p. 96 et s.

(2) Dépêche aux représentants du roi à l'étranger, 13 août 1888. *Arch. diplom.*, *loc. cit.* p. 113.

intention de renoncer à Massaouah. Si les troupes égyptiennes étaient rappelées, c'est que, M. Crispi le reconnaît lui-même (1), le gouvernement khédivial était obligé devant les progrès de l'insurrection madhiste de concentrer ses forces et d'adopter une ligne de défense, en dehors de laquelle-Massaouah se trouvait placé : mesure purement provisoire et dictée par la nécessité, mais la Sublime Porte entendait bien reprendre plus tard ce point important de la mer Rouge. Est-il permis d'en douter devant les réserves formulées par la Turquie dans sa circulaire aux puissances, lors de l'occupation de Massaouah, — circulaire sans valeur, dit le ministre italien, « après un refus qui, de sa part, était à la fois un aveu d'impuissance et une déclaration de renoncement, » — et devant les protestations énergiques de S. Ex. Saïd Pacha, ministre des affaires étrangères, pour réfuter les assertions erronées de M. Crispi ? Ce dernier avait donné à entendre que, depuis ses premières réserves, la Turquie avait acquiescé aux fait accomplis, ainsi que le prouvait l'article 10 de la convention de Suez (2) acceptée par le gouvernement ottoman.

(1) Dépêche du 25 juillet 1888.

(2) V. *Arch. diplom.* 1889, t. XXIX, p. 129 et suiv. : *Traité pour l'établissement d'un régime définitif destiné à garantir le libre usage du canal de Suez*, entre la Turquie et les principales puissances européennes. L'art. 10, auquel il est fait allusion, parlait, d'après la première rédaction, des mesures à prendre par le gouvernement ottoman pour assurer « la défense de ses autres possessions de la mer Rouge. » La rédaction définitive porte : « la défense de ses autres possessions *situées sur la côte orientale de la mer Rouge.* » C'est sur ce changement que M. Crispi s'appuyait pour voir de la part de la Turquie une renonciation à Massaouah, situé sur la côte occidentale ; mais son argumentation tombe devant la dépêche de Saïd Pacha. Par suite de la discussion intervenue sur ce point entre les deux puissances la convention ne fut signée que le 29 oct. 1888.

Dans sa dépêche du 14 août 1888 à l'ambassadeur de Turquie à Paris (1), Saïd Pacha repousse absolument l'induction que l'on prétend tirer de cet article et démontre que les articles 4, 7 et 8 de la même convention assurent, au contraire, « en termes clairs et nets la sauvegarde pleine et entière des firmans impériaux et la souveraineté de S. M. I. le Sultan sur sa province égyptienne qui comprend, personne ne l'ignore, la côte occidentale de la mer Rouge et par conséquent les *territoires de Massaouah et de Zoula* ». Territoires au sujet desquels, dit Saïd Pacha à la fin de sa dépêche, « nous maintenons, dans leur plénitude, nos réserves et protestations. » En supposant donc qu'à un moment donné la conduite de la Turquie ait pu faire croire qu'elle abandonnait Massaouah, elle a pris soin de dissiper immédiatement tous les doutes qui pourraient s'élever à ce sujet.

Et d'ailleurs, au début de l'occupation, l'Italie elle-même ne semblait pas aussi sûre de ses droits et proclamait hautement que sa prise de possession n'avait qu'un caractère précaire. Cela résulte des déclarations de M. Mancini à M. Jules Ferry, ministre des affaires étangères à cette époque ; « l'intention de l'Italie n'était pas de soulever une question territoriale. » Mêmes assurances données au gouvernement ottoman : « l'occupation de Massaouah, faite uniquement pour sauvegarder l'ordre et la sécurité commerciale dans ce district, *avait un caractère provisoire et ne cachait aucune arrière-pensée de prise de possession* » (2). M. Crispi est bien forcé de le reconnaître, mais il ajoute : « écartée dans ces premiers moments, la question devait infailliblement se reproduire

(1) *Arch. diplom.* 1889, t. XXXII, p. 320 et suiv.

(2) Dépêche précitée de Saïd Pacha.

dans la suite..... mais, au moment où la question de la souveraineté de Massaouah se pose, elle est déjà résolue » (1). Argumentation en vérité assez commode, mais dans tous les cas sujette à critique !

Que nous importe maintenant l'énumération de tous les actes accomplis par le gouvernement italien et prouvant, d'une manière irrécusable, *son animus possidendi* (2). Il aurait fallu tout d'abord établir d'une manière péremptoire que cet *animus possidendi*, la Turquie l'avait perdu, et nous avons prouvé le contraire.

Citons enfin, pour terminer, l'opinion d'un jurisconsulte italien, M. Catellani. Etudiant l'origine des établissements fondés par son pays sur la côte occidentale de la mer Rouge, entre Assab et Massaouah, le savant professeur s'efforce d'en prouver la légitimité (3). Dans ce but, il affirme à diverses reprises que Massaouah était le dernier point de la côte soumis à la souveraineté de la Turquie, souveraineté directe jusqu'en 1866, indirecte à partir de cette époque, où il fut transféré sous la domination du vice-roi d'Egypte. C'est là un aveu précieux à recueillir, lorsque M. Crispi nous parle des droits incertains de la Turquie sur ce territoire. Il est vrai que quelques lignes plus loin, passant à l'occupation de Massaouah, M. Catellani en tire cette conclusion, assez inattendue, qu'elle était parfaitement légitime ; et il en trouve la raison d'être

(1) Dépêche du 25 juillet 1888, *Acrh. diplom.*, *loc. cit.*, p. 98.

(2) *Ibid.* On cite notamment « l'installation d'une administration sévère et d'un fonctionnement régulier, l'ordre et la tranquillité assurés sur l'étendue côtière de ce territoire, la traite implacablement réprimée etc....... » L'enquête, qui s'est poursuivie à Massaouah à la suite des révélations du lieutenant Livraghi, nous montre ce qu'il faut penser des bienfaits de l'administration italienne.

(3) La politique coloniale de l'Italie, *Rev. de Dr. int.*, t, XVII, p. 218 et suiv.

dans l'intervention anglaise : « De ce que l'Egypte est sous l'action éventuelle d'une intervention, que cette condition de fait est sanctionnée aussi par la Turquie qui n'essaye pas de l'empêcher, il en résulte que la co-intervention italienne est légitime. » Les troupes italiennes, ajoute-t-il, n'ont fait que remplacer à Massaouah les troupes anglaises. Mais si la Turquie a plus ou moins toléré l'intervention anglaise, elle a toujours protesté au contraire, comme nous venons de le voir, contre l'intrusion de l'Italie, et on ne peut lui dénier le droit d'accorder ou de refuser à qui bon lui semble une part d'immixtion dans ses affaires. D'ailleurs l'intervention anglaise, légitime peut-être au début, se prolonge certainement à l'heure actuelle d'une manière abusive; et les différents motifs, dont l'Angleterre essaye de colorer son refus d'évacuation, déguisent mal sa pensée de s'annexer un jour l'Egypte au détriment de la Porte. De ce qu'une puissance viole ainsi le droit des gens, un autre Etat peut-il en tirer argument pour commettre pareille violation et l'excuser ensuite ? Dans tous les cas, l'Angleterre n'a pas encore établi officiellement son protectorat sur l'Egypte, et l'Italie en englobant Massaouah non seulement sous son protectorat, mais sous sa souveraineté directe, émet à coup sûr des prétentions plus exorbitantes que le gouvernement anglais lui-même.

Avec la théorie de l'abandon volontaire nous avons terminé l'étude du *territorium nullius*. Ainsi se trouvent passées en revue deux des conditions requises pour la validité de l'occupation. Mais maintenant que nous avons recherché quel territoire pouvait légitimement faire l'objet d'une occupation, il nous reste désormais à examiner comment cette occupation devra se réaliser, et quelles sont les conditions à observer pour la prise de possession.

CHAPITRE IV

DE LA NOTIFICATION DE LA PRISE DE POSSESSION

En posant en principe que l'occupation doit s'appliquer à un territoire susceptible de propriété, actuellement sans maître, et se manifester, comme nous le verrons plus loin, par une prise de possession effective, nous ne faisons que proclamer des règles absolument certaines en droit des gens. Elles découlent du droit naturel et ont été de tout temps reconnues par les publicistes, sinon par la pratique des Etats. On a pu discuter jadis sur le point de savoir quelles choses étaient ou non susceptibles de faire partie du domaine international ; on peut encore, à l'heure actuelle, discuter ce qu'il faut entendre par *territorium nullius*, et quels sont les éléments constituant la possession effective, le principe n'en subsiste pas moins. Il n'en est pas de même relativement à la notification. Qu'une puissance, en s'emparant d'une contrée vacante, soit obligée pour rendre son acquisition opposable aux autres Etats de la leur notifier, c'est là une condition qui ne découle pas, à la différence des précédentes, de la nature même de l'occupation. Aussi les anciens jurisconsultes n'en faisaient-ils pas mention, et, sauf quelques rares exceptions, les gouvernements ne s'y étaient jamais conformés.

A la Conférence de Berlin revient le mérite d'avoir, pour la première fois, prescrit la notification comme une règle de droit en matière d'occupation. L'article 34 de l'*Acte général* du 26 février 1885 porte :

« La Puissance qui, dorénavant, prendra possession d'un territoire sur les côtes du continent africain situé en dehors de ses possessions actuelles, ou qui, n'en ayant pas eu jusque-là, viendrait à en acquérir, et de même la Puissance qui y assumera un protectorat, accompagnera l'Acte respectif d'une notification adressée aux autres Puissances signataires du présent Acte, afin de les mettre à même de faire valoir, s'il y a lieu, leurs réclamations. »

Comme on le voit, les membres de la Conférence déjà limités par l'objet de leurs délibérations, le continent africain, ont cru nécessaire de restreindre encore leurs décisions à certaines parties de l'Afrique. En présence des avantages incontestables que donne la notification, on doit le regretter et souhaiter que le nouveau principe ne tarde pas à acquérir le caractère de généralité qui lui manque.

L'Institut de droit international, adoptant sur ce point la règle formulée dans les deux projets soumis à ses délibérations par MM. de Martitz et Engelhardt, exige la notification officielle comme l'accompagnement obligatoire de *toute* prise de possession (art. 1er, § 2, de la Déclaration de Lausanne). De même les auteurs, qui ont écrit sur le droit des gens postérieurement à la Conférence, généralisent presque tous ses prescriptions (1) et, à leur exemple, nous avons rangé la notification parmi les éléments nécessaires à la validité de la prise de possession. Mais en fait, dans la pratique internationale, tant qu'une nouvelle Conférence reprise sur des bases plus larges n'aura pas imposé cette formalité aux Etats en toute occurrence, ou du moins tant que la coutume, l'une des sources d'où découlent les prin-

(1) V. Notamment Pasquale Fiore, *Dr. int. codifié*, art. 548.

cipes du droit des gens, ne l'aura pas consacrée (1), la notification, en dehors des prises de possession sur le littoral africain, restera un acte purement volontaire, un acte de simple courtoisie internationale.

Nous avons déjà eu occasion de parler incidemment des travaux de la Conférence de Berlin, pour constater que la savante Assemblée s'était prononcée, sinon d'une manière formelle, au moins d'une façon implicite, sur la question de savoir ce qu'on devait entendre par un *territorium nullius*. Ici, comme dans le chapitre suivant, nous entrons dans une étude plus détaillée de ses délibérations; le moment est donc venu d'indiquer brièvement son origine et les principaux points soumis à son examen. Nous passerons ensuite au commentaire de l'article 34, réservant l'article 35 lorsqu'il sera traité de l'*effectivité*. Ces deux articles forment à eux seuls le chapitre VI sous la rubrique : *Déclaration relative aux conditions essentielles à remplir pour que des occupations nouvelles sur les côtes du continent africain soient considérées comme effectives*. Les mots *comme effectives* signifient évidemment comme valables, comme pouvant produire des effets, car l'article 34 ne parle que de la notification, et il est clair qu'elle n'ajoute rien à la réalité de l'occupation. Elle précédera au contraire l'établissement définitif de la puissance occupante. L'*effectivité*, prise dans le sens de possession réelle, est examinée seulement dans l'article 35.

(1) D'après l'art. 5 de la convention anglo-allemande du 1er juillet 1890 : « ...chacune des puissances s'oblige à notifier à l'autre tous les traités qu'elle conclura sur le territoire situé entre la Benoué et le lac Tchad. »

§ I. — *Origine et but de la Conférence de Berlin.*

L'activité colonisatrice des Etats européens, depuis qu'elle se concentre tout entière sur le continent africain, doit fatalement engendrer entre eux de temps à autre des conflits. S'agit-il de simples contestations entre voisins jaloux, de questions de bornage par exemple, il suffit le plus souvent de recourir à l'arbitrage d'un tiers pour les résoudre. Mais si l'on se trouve en présence de revendications qui, par leur étendue, aboutissent à un véritable partage de l'Afrique entre les principales puissances, si de nouveaux compétiteurs surgissent et viennent réclamer, eux aussi, leur part dans cette répartition, le conflit prend alors un caractère de gravité tel qu'il faut, pour l'apaiser momentanément, soit une série de conventions semblables à celles intervenues dans le cours de l'année 1890, soit, comme en 1884, une entente entre les représentants des divers gouvernements, réunis en congrès. Et ce second moyen est assurément le meilleur.

La Conférence de Berlin n'a eu, en effet, d'autre origine que les nombreuses protestations soulevées par le traité conclu le 26 février 1884 entre l'Angleterre et le Portugal. Après de longues discussions entre les deux gouvernements, l'Angleterre reconnaissait, par cette convention, la souveraineté du Portugal sur la côte occidentale d'Afrique entre 5°,12' et 8° latitude Sud, ainsi que sur tous les territoires situés à l'intérieur le long du Congo jusqu'à Nokki. L'article 4 stipulait en outre que les deux contractants nommeraient une commission mixte chargée de réglementer la navigation et la police fluviale du cours inférieur du

Congo (1). Toute puissance, qui voudrait dorénavant user de ce grand fleuve pour les besoins de son commerce, devait se conformer à ces règlements.

Le traité du 26 février non seulement fut mal accueilli en Angleterre par l'opinion publique, qui ne pardonnait pas au gouvernement d'avoir reconnu au Portugal des droits si longtemps contestés, mais il rencontra de tous côtés une vive opposition. Il n'aboutissait à rien moins en effet qu'à paralyser dans ces régions le commerce européen ; car on pouvait craindre que le Portugal n'y établit les mêmes entraves et le même régime douanier que dans ses autres colonies. Et cela, au moment où la France, à la suite des explorations de Savorgnan de Brazza, étendait sa domination jusqu'au Congo ; au moment où l'*Association internationale africaine*, après avoir acquis, par des traités passés entre Stanley et plus de 450 chefs indigènes, un territoire considérable, était à la veille de se proclamer Etat indépendant. Elle allait donc se trouver sans communication avec la mer (2). L'Allemage, à la suite de ses discussions avec l'Angleterre au sujet d'Angra-Pequena, s'était décidée à intervenir directement et à protéger ses nationaux sur la côte Sud-Ouest. Elle était donc également intéressée, comme d'ailleurs toutes les puissances qui avaient à cette époque des possessions sur le sol africain, à protester, au nom de la liberté commerciale, contre le traité anglo-portugais.

Après avoir notifié au Portugal ses réserves, et déclaré qu'elle entendait maintenir intactes pour ses na-

(1) Calvo. t. I., § 271. — F. de Martens, La Conférence du Congo à Berlin et la politique coloniale des Etats modernes, *Rev. de Dr. Int.*, t. XVIII, p. 112 et suiv. — Engelhardt, Rapport au ministre des affaires étrangères, *Livre jaune* p. 3 et 4.

(2) Stanley, *Le Congo* p. 576 et suiv.

tionaux les franchises que leur assurait dans ces parages le traité conclu au Pardo le 30 janvier 1786 (1), la France, sur la proposition de l'Allemagne et de concert avec elle, chercha les moyens les plus propres à empêcher cette politique d'exclusivisme colonial. L'accord franco-allemand, résultat des pourparlers entre le baron de Courcel, ambassadeur de France à Berlin, et le prince de Bismarck, revêt une importance capitale, car c'est lui qui a déterminé les trois questions soumises plus tard aux délibérations de la Conférence : 1° Application du régime de la liberté commerciale aux territoires compris dans le bassin du Congo ; 2° extension à la navigation de ce fleuve, ainsi qu'à celle du Niger, des lois générales édictées par l'*Acte final* du Congrès de Vienne de 1815 ; 3° adoption de certaines règles destinées à prévenir l'abus des annexions fictives sur les côtes du continent africain (2). A peine cet accord était-il intervenu, que l'Angleterre et le Portugal acceptaient de déférer à une Conférence l'examen des difficultés relatives au Congo. Il ne restait plus dès lors qu'à convier les diverses puissances ; le 15 novembre 1884, les représentants de tous les Etats européens à l'exception de la Suisse, de la Roumanie et de la Serbie, et les représentants des Etats-Unis se réunissaient pour discuter les bases du projet élaboré par la France et l'Allemagne.

Sauf sur la troisième des questions précitées où l'avant-projet franco-allemand, qui semblait déjà « tromper par sa maigreur l'attente générale, devait subir encore au laminoir d'une discussion plénière de

(1) Engelhardt, Rapport, *loc. cit.* p. 3.

(2) Dépêches de M. J. Ferry des 5, 6, 7 octbre 1884 aux représentants de la France à l'étranger, *Livre jaune*, p. 43.

notables réductions » (1), la Conférence de Berlin a en général élargi le programme qui lui était soumis (2). Nous n'examinerons pas ici les décisions intervenues ; les unes n'ayant pas trait à l'occupation, nous nous bornons à renvoyer à l'*Acte général* du 26 février 1885 qui résume les travaux de l'Assemblée ; les autres seront exposées plus loin. Disons seulement que la Conférence africaine, tant par le nombre et la qualité de ses membres que par l'importance des questions examinées, restera certainement l'un des monuments les plus intéressants de l'histoire diplomatique ; et l'appréciation suivante de M. Engelhardt sur l'ensemble des résultats acquis, bien qu'empreinte d'une certaine exagération, mérite cependant d'être reproduite. « En tant qu'assemblée représentative de toutes les parties intéressées, la Conférence de Berlin peut être considérée comme la consécration solennelle, et sans doute définitive, du principe posé par le Protocole d'Aix-la-Chapelle du 15 novembre 1818. A ce point de vue, ses résolutions ont une autorité dont

(1) Engelhardt, Etude sur la déclaration de la Conférence de Berlin relative aux occupations, *Rev. de Dr. Int.*, t. XVIII, p. 434.

(2) C'est ainsi que la liberté commerciale, telle qu'elle a été édictée, ne s'applique pas seulement au bassin géographique du Congo, mais à une zone conventionnelle allant de l'Océan Atlantique à l'Océan Indien sur une surface totale de 6,250,000 k. carrés alors que le bassin du Congo est évalué à 3,600,000 k. carrés La seconde question, suite de l'accord entre la France et l'Allemagne, a été observée dans sa teneur essentielle, en ce sens que la liberté de navigation proposée par ces deux puissances pour le Congo et le Niger n'a pas été étendue aux autres fleuves du continent africain, comme il en avait été un instant question au cours des délibérations. (*Livre jaune*, Protocole IX). Mais cette liberté de la navigation a été entendue dans un sens plus large. De même les articles 6, 7, 8 et 9 et le chapitre III renferment des dispositions nouvelles.

aucun Congrès antérieur n'a pu se prévaloir, car son Acte final porte la signature de deux plénipotentiaires des Etats-Unis d'Amérique (1). Aucune délégation internationale n'a été saisie de questions plus multiples ni de problèmes d'une plus grande portée. Son œuvre économique, aussi libérale que prévoyante, prépare la conquête commerciale d'un territoire plus vaste que les deux tiers de l'Europe ; elle y assure à toutes les entreprises légitimes, de quelque drapeau qu'elles se couvrent, une égale et durable protection. Tel était assurément le but principal d'une négociation inspirée par une commune pensée de conciliation et de paix.

Cependant, ce nouveau monde encore barbare, que des lois tutélaires doivent ouvrir à toutes les activités du négoce et de l'industrie modernes, la Conférence de Berlin a entendu le gagner à la civilisation, et, à cette fin, elle n'y a point seulement implanté les principes les plus avancés du droit public contemporain ; dans l'élaboration de chacun de ses projets, elle s'est appliquée à garantir les populations indigènes contre toute violence injuste, en recherchant les moyens les plus propres à favoriser leur émancipation morale et leur bien-être matériel.

C'est plus de cinquante millions d'âmes dont il lui a été permis de tracer les destinées, et on conviendra qu'en aucune circonstance l'aréopage européen, dans ses grandes assises, n'a eu à accomplir une plus haute et plus généreuse mission » (2).

(1) Le gouvernement américain n'a pas ratifié l'Acte du 26 février 1885 signé par ses représentants.

(2) Rapport, *Livre jaune*, p. 38.

§ II. — *Analyse de l'article 34 de l'*Acte général *de la Conférence de Berlin.*

Dans quels cas l'occupation doit-elle être notifiée? A qui la notification sera-t-elle adressée? Quelle sera sa forme, son contenu, son but, sa sanction? Telles sont les diverses questions qui se présentaient tout naturellement à l'esprit des diplomates, au moment où ils abordèrent l'étude de cette formalité.

Nous avons déjà vu en partie comment la Conférence avait résolu le premier point : sa déclaration vise uniquement les prises de possession sur le littoral africain. Mais le rapport de la commission nous le révèle, cette restriction ne fut pas adoptée sans discussion. Sir Edward Malet proposa que les règles relatives aux occupations de territoires fussent rendues applicables à toute l'Afrique, et on peut s'étonner que sa proposition ait rencontré une aussi vive résistance, notamment de la part de notre ambassadeur (1). M. Jules Ferry le reconnaissait lui-même dans ses instructions au baron de Courcel (2) : l'étendue des territoires libres de toute domination étrangère sur les côtes d'Afrique était relativement restreinte, dès lors la nouvelle formalité, réduite à cette zône, devait avoir assez peu de valeur pratique.

De plus, l'article 34 régit seulement les occupations futures, c'est-à-dire celles postérieures au 26 février 1885 : « La puissance qui *dorénavant* prendra possession d'un territoire sur les côtes du continent africain... ». Disposition fort juste, puisqu'il s'agissait de

(1) Rapport de la commission chargée d'examiner le projet de Déclaration relative aux occupations nouvelles sur les côtes d'Afrique, *Livre jaune,* Annexe au Protocole VIII, p. 213.

(2) Dépêche du 8 Nov. 1884, *Livre jaune,* p. 53.

l'introduction d'un principe absolument nouveau en notre matière; les droits acquis antérieurement, conformément au droit jusque-là en vigueur, ne pouvaient pas être remis en question. Aussi, dans le conflit relatif à Massaouah, il y avait, croyons-nous, assez d'arguments irréfutables pour établir l'illégitimité de la prise de possession par l'Italie, sans invoquer contre elle le défaut de notification (1). Massaouah ayant été occupé le 5 février 1885 échappait aux prescriptions de la Conférence (2).

Pour bien marquer la non rétroactivité de la nouvelle règle, on fit suivre les mots précités des mots : « situé en dehors de ses possessions actuelles. » Et, comme cette modification était susceptible de faire supposer que la notification n'était pas obligatoire pour toutes les puissances signataires, mais seulement pour celles ayant alors des possessions en Afrique, le comité de rédaction proposa d'ajouter : « ou qui n'en ayant pas eu jusque-là viendrait à en acquérir », formule qui dissipait toute équivoque (3).

Enfin les membres de la Conférence ont jugé utile d'assimiler sur ce point à la puissance occupante celle qui assumera seulement un protectorat; la notification présente, en effet, dans cette seconde hypothèse de sérieux avantages.

La notification devra être adressée à toutes les puissances signataires ; pas de difficulté. Mais de quelle manière la prise de possession sera-t-elle por-

(1) Note remise par le chargé d'affaires de France à Rome à M. Crispi, 22 juillet 1888, *Arch. dipl.*, 1889, t. XXXII.

(2) Pendant l'échange des notes diplomatiques entre les deux gouvernements, l'Italie prit possession du territoire de Zoula et, conformément à l'art. 34, notification de cette prise de possession fut donnée aux divers Etats. *Arch. dipl. loc. cit.*

(3) Rapport de la commission, *Livre jaune*, p. 214.

tée à leur connaissance? Lors des négociations préliminaires entre la France et l'Allemagne, notre plénipotentiaire n'exigeait d'autre mode que le mode usité dans chaque Etat pour la publication de ses actes officiels. En France, par exemple, la notification devait résulter de l'annonce de l'occupation insérée au *Journal officiel*. L'argument invoqué par l'Allemagne pour combattre cette proposition et réclamer la voie diplomatique ordinaire, ce qui fut accepté, offre bien peu de consistance : « L'annonce officielle d'une occupation accomplie ne pourrait paraître dans le journal de l'Empire qu'après la sanction de l'Empereur, et il serait difficile de revenir, même partiellement, sur une mesure que l'opinion publique aurait considérée comme définitive » (1). Mais rien de plus simple, semble-t-il, de remédier à cet inconvénient, en accompagnant l'insertion d'une réserve destinée à sauvegarder les droits éventuels des puissances tierces. Que la notification se fasse par cette voie ou par voie diplomatique, c'est là d'ailleurs une question assez secondaire, il suffit que les autres Etats soient avertis; et nous croyons qu'on aurait pu laisser à l'occupant le choix entre ces deux moyens. Telle a été l'opinion de l'Assemblée de Lausanne.

Une question plus sérieuse se présente; l'Etat, dans sa notification, est-il tenu d'indiquer, au moins approximativement, les limites du territoire qu'il entend occuper ou protéger? L'article 34 n'en fait pas mention malgré le désir exprimé par Sir Edward Malet. Mais ce dernier ne parvint pas à triompher des objections que formulèrent M. le baron de Courcel et le Dr Busch, sous-secrétaire d'Etat aux affaires étrangères et l'un

(1) Engelhardt, Etude sur la décl. de la Conf. de Berlin... etc. *Rev. de Dr. Int.*, t. XVIII, p. 434.

des représentants de l'Allemagne. Tous deux, sans méconnaître l'utilité d'une pareille délimitation, se refusaient à l'imposer à l'occupant d'une manière formelle et absolue, prétendant que : « notifier l'occupation ou la prise de possession d'un territoire implique nécessairement une définition plus ou moins précise de la situation de ce territoire, particulièrement à la côte, qui seule tombe sous l'application des règles à établir. Inutile, en général, la condition nouvelle qu'il s'agit d'imposer, pourrait, en certaines circonstances, entraîner des difficultés ou des inconvénients » (1). Sans doute, un Etat ne saurait le plus souvent, dès le début de son occupation, définir exactement les limites du territoire qu'il se propose d'acquérir, mais il doit pouvoir au moins en indiquer la situation géographique, en donner une délimitation sommaire. Il est vraisemblable de penser que sa prise de possession a été précédée d'explorations destinées à lui faire connaître les ressources du pays, et les avantages que lui procurera la colonisation. Cette délimitation est absolument nécessaire, si l'on veut conserver à la notification sa véritable utilité, à savoir diminuer le nombre des conflits ; et l'affaire sanglante, survenue en décembre 1884 à Cameroun, entre l'équipage d'un bâtiment allemand et la population africaine ameutée par les agents anglais, en est une preuve suffisante. Le prince de Bismarck avait bien notifié (12 oct. 1884) au gouvernement anglais l'établissement du protectorat de l'empire dans la baie de Biafra (2), et le cabinet de Londres l'avait formellement reconnu (27 oct. 1884) (3) ; mais l'incertitude des frontières de la région

(1) Rapport de la Commission, *Livre jaune*, p. 214.

(2) Notification purement volontaire puisqu'elle était antérieure à la réunion de la Conférence.

(3) Banning, *op. cit.*, p. 11 et 12.

occupée au nom de l'Allemagne devait fatalement amener les deux rivaux à se heurter dans leur expansion coloniale sur ce même point de l'Afrique. La singulière extension donnée par les puissances colonisatrices à la *zône d'influence* a eu pour résultat de multiplier ces sortes de conflits. En acceptant la motion de l'ambassadeur d'Angleterre, et en forçant « expressément » la puissance occupante à signifier, au moins approximativement, jusqu'où elle compte asseoir sa domination, on adoptait ainsi le moyen le plus sûr de faire rentrer dans des limites raisonnables la doctrine de l'*Hinterland*. Pourquoi donc ne pas insérer cette clause dans l'article 34? Pourquoi considérer comme suffisantes les explications échangées, à ce sujet, au sein de la commission? L'Assemblée de Lausanne s'est montrée plus explicite.

Le but de la notification n'est pas d'amener la reconnaissance immédiate du caractère effectif de l'occupation. Le projet de déclaration, soumis à l'examen de la commission, en décidait autrement : l'Etat, qui prend possession d'un territoire ou y assume un protectorat, est tenu de notifier son occupation ou son protectorat aux autres puissances, « afin de les mettre à même de les reconnaître comme effectifs ou de faire valoir, s'il y a lieu, leurs réclamations » (1). Cette alternative se trouve supprimée dans le texte définitif. « L'occupation, fit observer très justement M. le baron Lambermont, ne saurait être vraiment effective au moment même de la prise de possession ; elle ne le deviendra que plus tard par l'accomplissement des conditions qui impliquent une idée de continuité et de permanence. On ne peut donc rien reconnaître ni contester à cet égard, au lendemain de la notification. Celle-ci atteint

(1) *Livre jaune*, Annexe au Protocole VII, p. 202.

pleinement son but en permettant aux tiers dûment avertis de faire valoir leurs propres titres ou leurs réclamations » (1). L'utilité de la nouvelle règle nous apparaît donc maintenant d'une façon très nette : en faisant connaître aux autres puissances que son drapeau vient d'être planté sur tel ou tel territoire et son intention de s'y établir, l'occupant évite, (sauf peut-être, comme nous venons de le voir, sur la question de l'étendue de l'occupation,) toute contestation pour l'avenir. Si l'une d'elles possédait sur ce même territoire des droits antérieurs, la notification la mettra à même de formuler ses revendications et servira en même temps de point de départ à un délai, au terme duquel toute opposition ne serait plus recevable. L'Etat qui notifie n'est pas tenu, en effet, d'attendre indéfiniment la réponse des autres puissances et le silence des ayants-droit entraînera contre eux une présomption de renonciation, présomption *juris et de jure* (2). Quelle sera la durée de ce délai ? Il avait été un instant question de fixer un délai de rigueur ; les plénipotentiaires y ont renoncé par des considérations de courtoisie internationale et on a été d'accord pour admettre « un délai raisonnable » (3).

Quelques exemples nous feront mieux saisir la portée éminemment pratique de la notification. Soit par fraude, soit par suite de malentendu, il arrive de temps à autre qu'un chef indigène, après avoir placé son territoire sous la protection d'une puissance civilisée, conclut ensuite avec un autre Etat un traité de

(1) Rapport de la commission, *Livre jaune*, p. 215.

(2) Du moment où la reconnaissance ultérieure de l'occupation n'est pas nécessaire, on comprend d'autant moins l'importance attachée par le gouvernement allemand à l'obligation de notifier par la voie diplomatique.

(3) Rapport de la com., *Livre jaune*, p. 214.

même nature. Si la première convention, portant stipulation du protectorat, a été signifiée aux intéressés, ce résultat n'est plus à redouter ; ou du moins celui qui en sera victime, ayant été mis sur ses gardes, n'aura pas le droit de se plaindre. Ou bien encore, un Etat s'empare d'un territoire primitivement occupé et qui semble, à l'heure actuelle, abandonné. L'ancien possesseur a-t-il seulement perdu le *corpus*, et son *animus domini* subsiste-t-il toujours ? Nous savons combien il est difficile de rien préjuger à cet égard. La notification ne laissera planer aucun doute ; si elle demeure sans réponse, la *derelictio* sera bien et dûment établie.

Mais, pourrait-on objecter, quelles réclamations, au reçu du communiqué, une puissance ferait-elle bien valoir ? De deux choses l'une : ou les droits qu'elle a acquis antérieurement, elle les a elle-même notifiés, et une nouvelle occupation de la part d'un tiers n'est guère probable ; ou elle a omis la notification, et, comme d'après la rubrique du chapitre VI de l'*Acte général*, cette formalité est une des conditions essentielles pour la validité de l'occupation, sa prise de possession est nulle ; en droit, le territoire est resté un *territorium nullius* et toute opposition de sa part doit être rejetée sans examen. Aucune des deux parties de ce dilemme n'est exacte. D'abord, il est très possible qu'un Etat considère, comme parfaitement légitime de sa part, l'occupation d'un territoire dont la prise de possession lui a été jadis notifiée. Il estime, par exemple, que les droits résultant de cette prise de possession nominale sont prescrits, parce qu'elle n'a pas été suivie, dans un délai raisonnable, d'un établissement définitif, ou encore que tel territoire, après avoir fait l'objet d'une occupation réelle, doit être considéré à l'heure actuelle comme abandonné. De plus, il se peut que les droits, sur lesquels le réclamant se fonde, aient été acquis antérieurement à l'Acte du 26 février 1885 ; ils étaient donc dispensés de notification. Mais, seraient-ils d'une date postérieure, il ne faut pas exagérer la sanction du défaut de notification et soigneusement distinguer les deux hypothèses suivantes :

1° Un Etat plante son drapeau sur un territoire vacant, ou qui du moins lui semble tel; en acquiert-il, par là, la propriété immédiate? Non, et nous en établirons tout à l'heure le motif (1). Mais ayant découvert ou exploré le premier ce pays sans maître, ayant dans tous les cas manifesté le premier l'intention de le soumettre à sa souveraineté, on lui reconnaît dès à présent le droit exclusif d'en acquérir la propriété, à la condition de notifier aux autres puissances son *animus possidendi*. Sinon, le territoire pourra toujours être considéré comme *res nullius* par les intéressés ; que l'un d'eux y plante à son tour le drapeau national et accomplisse la formalité prescrite, il aura seul alors le droit de procéder à l'occupation définitive. La notification joue donc ici à peu près le rôle de la transcription dans notre droit civil, c'est du moins l'analogie qui se présente à l'esprit. De même qu'entre deux acquéreurs successifs d'un même immeuble, celui-là est préféré, qui le premier a fait transcrire son titre, de même entre deux Etats ayant procédé tous deux à la prise de possession fictive du même territoire, celui-là seul pourra transformer son droit précaire en un droit de propriété, qui aura le premier signifié aux tiers son *animus dominandi*. La perte du droit de préférence, le seul qu'un Etat puisse acquérir au début de l'occupation, telle est dans notre

(1) V. *infrà*, chap. V, S. 1er, § 1er.

hypothèse la sanction du défaut de notification; sanction rigoureuse, mais nécessaire, car c'est précisément dans la période qui s'écoule entre la prise de possession fictive et la prise de possession réelle que les conflits sont à craindre.

II° La plantation du drapeau n'a pas été accompagnée d'une notification aux autres puissances et, néanmoins, l'occupant est parvenu dans la suite à remplir toutes les conditions d'où découle l'occupation effective, sans que personne soit venu le troubler dans son œuvre. Le territoire ainsi occupé restera-t-il encore *res nullius* vis-à-vis des Etats tiers, par suite de l'inaccomplissement de la formalité prévue par l'article 34? L'un d'eux pourra-t-il s'y établir, et à sa notification l'occupant ne sera-t-il fondé à opposer aucune réclamation? Les membres de la Conférence n'ont jamais eu, croyons-nous, la pensée d'admettre une semblable théorie, la bonne foi des tiers, dans cette hypothèse, devant être difficilement surprise et par suite les conflits moins à redouter. Que cette absence même de notification laisse peut-être planer quelque doute sur l'*animus domini* du premier occupant, soit, mais il doit lui être au moins loisible de prouver son droit de propriété, en réponse à la communication qui lui est faite, et de remplir à ce moment la formalité omise. Elle ne reste plus obligatoire pour lui que comme une marque de courtoisie internationale. Décider autrement aboutirait à consacrer de véritables spoliations.

D'ailleurs les objections formulées par un Etat, qui reçoit notification de la prise de possession d'un territoire, ne seront pas exclusivement fondées sur l'existence à son profit d'un droit de propriété ou au moins d'un droit de préférence pour occuper. Le procès-verbal de la commission en fait foi : « l'un des Plénipotentiaires portugais ayant demandé si l'on pourrait substituer aux termes de *réclamations* ceux de *droits antérieurs*, la commission a été d'avis que cette rédaction paraîtrait trop restrictive. Il peut, en effet, à côté des droits, se présenter des considérations ou des situations dont il serait équitable de tenir compte » (1). Et les représentants des Etats-Unis et des Pays-Bas ont encore développé cette idée. D'après eux, les objections pourraient s'appuyer « sur des relations déjà établies, des rapports de commerce par exemple. » Supposons que des Compagnies de commerce, d'un caractère purement privé, aient déjà fondé des comptoirs dans le pays soumis actuellement à une prise de possession. Elles n'ont pu lui enlever par là sa qualité de *territorium nullius*, mais il est juste néanmoins que le nouvel occupant les laisse jouir d'une certaine liberté commerciale, et le gouvernement, dont elles relèvent, la réclamera en leur faveur.

Nous avons terminé l'étude de l'article 34. M. de Martens critique assez vivement la nouvelle règle introduite en notre matière, et raille les publicistes qui ont prétendu trouver en elle « un trait de génie », « une remarquable innovation ». Impuissante à prévenir les conflits, elle n'a, dit-il, d'autre effet que de précipiter le moment où les gouvernements intéressés pourront faire valoir leurs protestations (2). En admettant même qu'elle n'offre pas d'autre avantage, n'est-ce donc pas là un progrès sérieux sur le droit antérieur? Lorsque la notification est envoyée, l'occupation n'est pas encore, en général, un fait accompli; si des réclamations se font jour, si l'occupant n'en reconnaît pas

(1) *Livre jaune*, p. 215.

(2) La Conférence du Congo à Berlin et la politique coloniale des Etats modernes, *Rev. de Dr. int.*, t. XVIII., p. 265.

le bien fondé, un conflit est inévitable, c'est vrai, mais il est permis d'espérer qu'il se dénouera par des moyens pacifiques tels que la médiation et l'arbitrage. Au contraire, si les intéressés ne sont mis à même de protester, par suite de leur ignorance des faits, qu'après un commencement de prise de possession réelle, alors que les deux parties contendantes se sont trouvées en contact sur le territoire en litige, des conflits sanglants sont à redouter et la situation menace de devenir inextricable.

Cependant, pour être exagérées, les critiques de M. de Martens ne sont pas absolument dénuées de fondement. La Conférence aurait pu donner à son innovation une importance et une utilité bien plus grandes encore ; il suffisait pour cela d'adopter la proposition de S. E. Saïd Pacha. Le représentant de la Turquie demandait, en cas de réclamations et de désaccord persistant entre les deux parties, de rendre obligatoire le recours à l'arbitrage d'une tierce puissance. « La commission, sans contester la valeur de ce moyen et en rendant hommage à la pensée qui l'inspirait, a cependant estimé qu'il serait probablement difficile d'amener les gouvernements à aliéner en pareil cas leur liberté d'action » (1). Mais pourquoi ne pas appliquer au moins, dans notre hypothèse, les décisions prises par la Conférence, relativement aux dissentiments qui pourraient s'élever entre les puissances signataires « au sujet ou dans les limites des territoires compris dans la zône conventionnelle ouverte à la liberté commerciale? » Pourquoi ne pas leur imposer de même ici le recours à la médiation, en réservant le recours facultatif à l'arbi-

(1) *Livre jaune*, p. 215.

trage (1)? Sans doute, on ne prévient pas ainsi les hostilités d'une manière certaine. Mais s'il suffit que l'une des parties réclame la procédure de l'arbitrage pour que l'autre soit tenue de l'accepter, et si, dans tous les cas, les deux adversaires ne peuvent en appeler aux armes qu'après un essai de conciliation, l'éventualité d'une guerre devient assez peu probable.

L'Institut de droit international, dans son projet de déclaration, a supprimé les imperfections signalées plus haut dans l'œuvre de la Conférence. Aussi croyons-nous utile de reproduire ses dispositions en ce qui concerne la notification (2).

ARTICLE Ier. — L'occupation d'un territoire à titre de souveraineté ne pourra être reconnue comme effective que si elle réunit les conditions suivantes :

1° La prise de possession d'un territoire enfermé dans de certaines limites, faite au nom du gouvernement ;

2° La notification officielle de la prise de possession.

. . . .

La notification officielle de la prise de possession se fait soit par la publication dans la forme qui, dans chaque Etat, est en usage pour la notification des actes officiels, soit par la voie diplomatique. Elle contiendra la détermination approximative des limites du territoire occupé (3).

ART. II. — Les règles énoncées ci-dessus sont applicables au cas où une puissance, sans assumer l'entière souveraineté d'un territoire, et tout en main-

(1) *Livre jaune,* Séance du 23 février 1885, Protocole IX, p. 230 et suiv. — Art. 12 de l'*Acte Général.*

(2) *Annuaire de l'Inst. de dr. int.*, t. X, p. 201 et suiv.

(3) Cf. art. V du projet de Martitz et art. II du projet Engelhardt. *Annuaire de l'Inst. de dr. int.*, t. IX, p. 248 et 251.

tenant, avec ou sans restriction, l'autonomie administrative indigène, placerait ce territoire sous son protectorat (1).

Art. III. — Si la prise de possession donnait lieu à des réclamations fondées sur des titres antérieurs, et si la procédure diplomatique ordinaire n'amenait pas une entente entre les parties intéressées, celles-ci feraient appel, soit aux bons offices, soit à la médiation, soit à l'arbitrage d'une ou plusieurs tierces puissances (2).

(1) Cf. art. III du projet Engelhardt, *op. cit., loc. cit.*
(2) Cf. art. IV du projet Engelhardt, *op. cit., loc. cit.*

CHAPITRE V

DE L'EFFECTIVITÉ DE LA PRISE DE POSSESSION

SECTION Ire

Fondement du principe d'après lequel l'occupation doit être effective. — Opinion des publicistes. — Pratique internationale.

La simple découverte ou l'exploration d'une contrée inoccupée ne lui enlèvent pas son caractère de *territorium nullius ;* elle reste à la disposition du premier occupant. Mais, le plus souvent, lorsque de courageux missionnaires, de hardis explorateurs se sont frayés, au péril de leur vie, une route à travers des pays lointains et inconnus, les uns dans l'espoir de rencontrer des peuplades barbares auxquelles ils apporteront les lumières du christianisme, les autres dans un but scientifique, l'Etat, dont ils relèvent, entend recueillir seul le bénéfice de leurs efforts et de leurs sacrifices et prendre possession du sol fécondé trop souvent par le sang de ces martyrs de la foi ou de la science. Pour affirmer son intention, il fera déployer le drapeau national sur la terre nouvellement découverte ou explorée. Cet acte, nous l'avons indiqué brièvement en traitant de la notification, ne soumettra pas *ipso facto* à sa souveraineté, le territoire qui en est l'objet, mais lui permettra simplement d'écarter pour l'instant les compétitions étrangères. Son droit de propriété n'apparaîtra qu'après un temps plus ou moins long, par l'accomplissement de certains actes matériels destinés à placer le territoire sous une domination de fait, en un mot par la réunion du *corpus* à *l'animus*. A ce moment seul, l'occupation sera considérée comme réalisée. Et pourrait-il en être autrement? Qu'est-ce, en effet, que l'occupation, sinon la prise de possession de choses sans maître ? Elle doit donc se composer nécessairement des deux éléments essentiels qui constituent la possession, et les principes romains trouvent ici leur application : « *Apiscimur possessionem corpore et animo, neque per se animo aut per se corpore* » (1). L'intention sans le fait ne suffit pas plus que le fait sans l'intention. Ainsi, pénétrer le premier dans une contrée, y arborer le pavillon national, ériger des monuments ou planter des poteaux, sur lesquels on a gravé des inscriptions destinées à établir l'antériorité de la découverte ou de l'exploration, tous ces actes sont insuffisants pour donner, à eux seuls, la possession et par suite faire naître l'occupation d'où découlera le droit de propriété. S'ils révèlent bien chez leur auteur l'intention d'acquérir, ils sont en revanche tout-à-fait impuissants à assurer sa domination réelle sur le territoire où ils ont été accomplis. Ces actes ne le mettent pas à même d'y exercer une action efficace et de faire obstacle à l'action des autres Etats ; l'*animus* existe sans le *corpus*. Et si, dans le langage ordinaire, on les qualifie quelquefois de prise de possession, on a toujours soin d'ajouter *nominale, fictive,* pour bien marquer l'absence de l'un des deux éléments qui constituent la possession véritable.

Admettre, d'ailleurs, qu'un Etat puisse venir supprimer tout un pays de l'ensemble des biens du monde

(1) *Digeste*, l. 3, § 1, *De adquir. vel amitt. poss.*, XLI, 2.

par une simple déclaration, sans invoquer d'autre fondement à l'exclusion des autres Etats, ce serait légitimer les prétentions les plus exorbitantes et supprimer la cause même qui justifie l'occupation des choses sans maître : le travail d'appropriation.

A l'heure actuelle, tous les auteurs sont unanimes à reconnaître la prise de possession effective comme l'une des conditions essentielles de l'acquisition de la souveraineté territoriale. Le même principe avait déjà été posé par Grotius (1), le véritable fondateur du droit des gens, et soutenu dans la suite par Pufendorf (2), Wolff (3), Vattel et Bynkershœck. « Le droit des gens, dit Vattel, ne reconnaîtra la propriété et la souveraineté d'une nation que sur les pays vides qu'elle aura occupés *réellement et de fait* » (4). Traitant de l'occupation, Bynkershœck indique comme un de ses élements l'*apprehensio corporalis*, « *nam animo solo vel universum orbem facile unus deglutiverit* » (5). Mais le savant jurisconsulte va trop loin, lorsqu'il exige, contrairement à ce que nous avons établi en étudiant l'abandon volontaire, le maintien du *corpus* et de l'*animus* pour la conservation du droit de propriété internationale. « *Ultra possessionem dominium non durare in rebus occupatis Naturæ, ut puto regula est... prœter animum possessionem desidero, sed qualemcumque quæ probet me nec corpore desiisse possidere* » (6). En regard de ces

(1) *Op. cit.*, L. II, C. 2, § 3.
(2) *Op. cit.*, tome I, lib. IV, C. VI.
(3) *Op. cit.*, § 213.
(4) *Op. cit.*, t. I, l. I, ch. 8, p. 208.
(5) *Opera omnia*, T. II : *De dominio maris dissertatio*, C. I, p. 125.
(6) *Op. cit. loc. cit.*, p. 126. Il est vrai que la dernière partie du texte corrige un peu ce que la première a de trop absolu.

affirmations émanées de jurisconsultes de la plus haute autorité, on rencontre, il est vrai, quelques contradictions ; mais elles sont formulées plutôt implicitement qu'expressément. Ainsi, ceux qui admettaient que la mer pouvait faire l'objet d'un droit de propriété, semblaient nier par là même la nécessité d'une possession réelle pour la validité de l'occupation : à partir du XVIIIe siècle, la doctrine de Selden ne trouve plus guère de partisans.

Si nous quittons maintenant le domaine de la théorie pour envisager la conduite suivie par les gouvernements, nous constatons qu'ils se sont laissé guider avant tout par leur intérêt personnel. Longtemps méconnu et violé par eux, le principe, en vertu duquel toute occupation doit-être effective, n'est pas encore aujourd'hui définitivement avoué et consacré par la pratique internationale.

Au XVe et au XVIe siècle, l'Espagne et le Portugal, après s'être mis à la tête des grandes découvertes maritimes, s'arrogèrent un droit de souveraineté sur d'immenses contrées, s'appuyant sur le seul fait qu'ils avaient été les premiers à les reconnaître. Ils allèrent même plus loin en s'attribuant par avance la propriété de toutes les terres qui viendraient à être découvertes, et pour légitimer, à leurs propres yeux comme aux yeux des autres puissances européennes, ces singulières prétentions, il les firent confirmer, à diverses reprises, par la plus haute autorité de la Chrétienté : le Saint-Siège. Les nombreuses bulles pontificales, qui répartirent alors entre les deux pays les territoires de l'Afrique et de l'Amérique, constituent

Les mots *qualemcumque possessionem* indiquent que Bynkershœck ne se montre pas difficile sur la possession corporelle qui doit subsister.

assurément l'une des phases les plus curieuses du droit international. Parmi les documents de ce genre les plus importants, mentionnons tout d'abord la bulle du pape Martin V, qui accorde à l'Infant D. Henrique la souveraineté de tous les pays à découvrir jusqu'aux Indes (1), celle du pape Nicolas V (1454), par laquelle le Souverain Pontife donne au roi Alphonse V de Portugal l'empire de la Guinée avec le pouvoir de subjuguer les peuples barbares de ces régions, défendant à tout autre d'y pénétrer sans la permission du Portugal. L'acte se termine ainsi : « ... *ac pro potioris juris et cautelæ suffragio, jam acquisita et quæ in posterum acquiriri contigerit, Provincias, Insulas, Portus, Loca et Maria quæcumque quotcumque et qualiacumque fuerint, ipsamque conquestam a capitibus Bojador et de Num prædictis Alphonso Regi et successoribus suis Regibus dictorum regnorum ac Infanti præfatis perpetuo donamus, concedimus et appropriamus per præsentes* » (2). En 1481, nouvelle bulle du pape Sixte IV, confirmant le traité intervenu entre l'Espagne et le Portugal pour délimiter leurs sphères d'action aux îles Canaries (3). Mais la plus célèbre de toutes est assurément la bulle du pape Alexandre VI (1493) dont nous avons déjà eu occasion de parler (4); elle est, écrit Robertson, « comme la grande charte sur laquelle l'Espagne fonda ses droits » (5). On se rappelle que le Saint-Siège déter-

(1) V. *Arch. Dipl.* année 1890, t. XXXIII, p. 17. On rencontre déjà, en 1344, une bulle du pape Clément VI rendue en faveur de l'Espagne pour établir son droit de propriété sur les îles Canaries.

(2) Dumont, *Corps diplomatique*, tome III, part. Ire, p. 201.

(3) Dumont, *op. cit.*, tome VI, p. 82.

(4) V. le texte, *suprà*, chap. III, Sect. Ire, § I.

(5) *Histoire de Charles-Quint*, t. III, p. 116.

minait le champ respectif ouvert aux explorateurs des deux pays, et prenait comme ligne de démarcation le méridien passant à cent lieues à l'Ouest des îles Açores et des îles du cap Vert; toute terre découverte ou à découvrir située à l'Ouest de ce méridien devant appartenir aux Espagnols, toute terre à l'Est aux Portugais. A cette donation une seule réserve était apportée : les îles ou contrées, déjà possédées par des princes chrétiens avant le jour de Noël 1492 et situées en deçà ou au delà de la ligne *Alexandrine*, demeurent leur propriété légitime. Mais tout droit de conquête leur est fermé à l'avenir et, s'ils contreviennent aux ordres du Souverain Pontife, ils encourent *ipso facto* la peine de l'excommunication.

D'ailleurs, le Portugal s'étant plaint que la ligne tracée par Alexandre VI était trop rapprochée de l'Afrique, ce qui l'empêchait d'étendre sa domination sur une partie quelconque du nouveau continent, les Espagnols consentirent par le traité de Tordesillas (1494) à reporter la ligne de démarcation à 270 lieues de plus vers l'Occident (1) ; et l'on fit de nouveau intervenir le Saint-Siège pour sanctionner cette convention. Le traité de Tordesillas fut confirmé par la bulle du Pape Jules II du 24 juin 1506 (2).

(1) Schœll, *Histoire abrégée des traités de paix entre les puissances de l'Europe depuis la paix de Westphalie*, t. III, chap. 18, p. 255. — La partie la plus orientale du nouveau continent n'était pas encore connue ; cette circonstance fût peut-être cause que les Espagnols cédèrent sur un point qui, à cette époque, paraissait moins important qu'il ne l'est devenu, depuis que Pedro Alvarez Cabral découvrit le Brésil.

(2) Rousset, *Supplément au Corps universel diplomatique de Dumont*, t. II, part. Ire, p. 10.

D'après l'article 3 du traité de Tordesillas, les deux nations devaient choisir dans leur sein des personnes versées dans les sciences géographique, astronomique et nautique, et les charger de procéder à la détermination exacte du méridien de

Ainsi, après avoir posé ce principe absolument erroné que les pays possédés par des princes païens peuvent être légitimement considérés comme des biens sans maître, l'Espagne et le Portugal faisaient découler leur droit de propriété sur ces pays non pas d'une prise de possession réelle, non pas même, d'une manière générale, de la priorité de découverte, mais de la donation qui leur en était faite par le Saint-Siège.

A notre époque où l'on reconnaît à l'Eglise et à l'Etat des domaines bien distincts, nous avons peine à comprendre ce rôle joué jadis par la papauté. Il faudrait, pour l'expliquer, montrer comment l'Eglise après avoir proclamé la première, en face de l'invasion barbare et pour sauvegarder son indépendance, le principe de la séparation du spirituel et du temporel, essaya ensuite de faire prédominer le principe contraire de la subordination du temporel au spirituel; rappeler l'autorité croissante des papes, depuis le jour où Charlemagne avait assuré l'indépendance temporelle du Saint-Siège et réclamé de lui la consécration de son titre d'Empereur d'Occident ; retracer les différentes phases de la lutte par laquelle la papauté s'efforce de faire de l'Europe une république chrétienne, dont le gouvernement appartiendrait au Vicaire du Christ, lutte commencée par Grégoire VII,

démarcation. Cet article resta lettre morte ; et comme les Espagnols cinglant vers l'Ouest par le détroit de Magellan, les Portugais vers l'Est par le cap de Bonne-Espérance, devaient finir fatalement par se rencontrer, de nombreuses contestations s'élevèrent entre eux, faute d'une indication suffisante du point de départ de la ligne de partage. Quel était le point des îles du Cap Vert d'où il fallait commencer à compter les 370 lieues ? Nous citerons notamment le conflit relatif aux îles Molusques terminé par le traité de Saragosse (1529). Schœll, *op. cit., loc., cit.* p. 253.

le fondateur de la monarchie théocratique (1), et continuée plus tard par Innocent III, Grégoire IX, Boniface VIII (2). La bulle *Inter cœtera* nous apparait comme un vestige suprême de ces idées, elle nous représente l'une des dernières et des plus solennelles occasions où le Saint-Siège soit intervenu, sous couleur d'intérêt religieux, dans le règlement des affaires temporelles des couronnes. Il faudrait montrer enfin comment au Moyen-Age, époque de troubles et de violences, les princes chrétiens prirent maintes fois comme juge suprême dans leurs différends la papauté, devenue ainsi la plus haute magistrature, la puissance internationale par excellence et la régulatrice du monde chrétien. « On peut avec raison, fait observer Wheaton, regarder l'influence immense de l'autorité papale à cette époque comme un bienfait pour l'humanité, elle sauva peut-être l'Europe d'une entière barbarie et devint le seul refuge contre l'oppression féodale » (3). « La Rome pontificale du Moyen-Age, écrit également Cauchy, était redevenue pour un temps comme un tribunal auguste que les peuples de la chrétienté invoquaient souvent pour arbitre dans la paix et la guerre... ». Seule cette autorité « pouvait empêcher l'Europe de retomber sous le despotisme d'une épée musulmane ou chrétienne » (4).

(1) « En donnant à saint Pierre le droit souverain de lier et de délier dans le ciel et sur la terre, Dieu n'a excepté personne, n'a rien soustrait à sa puissance. Il lui a soumis toutes les principautés, toutes les dominations de l'univers. Il l'a établi *seigneur des royaumes de ce monde.* »

(2) « L'Eglise est une, mais elle a deux glaives, l'un spirituel, l'autre temporel ; le premier est tenu par l'Eglise et par la main des prêtres, le second pour l'Eglise et par la main des rois, selon la volonté du Pontife. » Doctrine exposée par le pape devant le concile de Rome (1303).

(3) *Hist. du progrès du dr. des gens*, t. I, p. 30.

(4) *Dr. intern. maritime*, t. I, p. 225.

Sans vouloir entrer dans une étude aussi délicate et qui nous entraînerait d'ailleurs fort loin de notre sujet, nous nous bornons à indiquer à grands traits les causes qui peuvent expliquer, sans les légitimer, ces partages étranges dont l'histoire du monde n'offre aucun autre exemple. Il est certain que le Souverain Pontife ne pouvait prétendre à aucun droit sur les contrées désertes du nouveau continent, et encore bien moins sur celles déjà soumises à la souveraineté des princes païens.

Les autres puissances européennnes respectèrent-elles les donations des papes en faveur de l'Espagne et du Portugal, donations qui leur enlevaient tout espoir de colonisation ? S'il faut en croire Schœll (1), les bulles pontificales firent autorité, au moins pendant le xve siècle, parmi les gouvernements de la chrétienté, et il nous en cite un exemple tiré de l'historien portugais Garcia de Resende : sur les réclamations de Jean II de Portugal qui invoquait la bulle du pape Nicolas V, octroyant à son père toute la côte de Guinée, le roi d'Angleterre rappela plusieurs de ses sujets partis avec l'intention de fonder des établissements commerciaux dans ces régions. D'après Cauchy (2), la Réforme seule, en faisant perdre au Saint-Siège son autorité sur les sectes dissidentes, lui enleva du même coup l'influence directe que le Moyen-Age lui avait donnée sur les affaires générales de l'Europe : à partir de ce moment, la bulle *Inter cœtera* ne pouvait plus arrêter ni la Hollande, ni l'Angleterre. A notre sens, les Etats européens avaient déjà méconnu, bien avant la Réforme, l'autorité du pape en notre matière. Sans vouloir suspecter la véracité de Garcia de Resende,

(1) *Op. cit.*, *loc. cit.*, p. 206.
(2) *Op. cit.*, *loc. cit.*, p. 457.

il est certain en effet qu'Henri VII d'Angleterre autorisa par lettres patentes Jean Cabot à conquérir les pays habités par les infidèles *dans n'importe quelle partie du monde*. Il ne se croyait donc pas lié par les prohibitions du Saint-Siège. D'ailleurs, après la Réforme, les gouvernements qui avaient substitué la religion protestante au catholicisme ne furent pas les seuls à protester contre l'attribution exclusive du nouveau continent à l'Espagne et au Portugal; témoin le roi de France: « Eh quoi! disait plaisamment François Ier, le roi d'Espagne et le roi de Portugal partagent tranquillement entre eux toute l'Amérique sans souffrir que j'y prenne part comme leur frère! Je voudrais bien voir l'article du testament d'Adam qui leur lègue ce vaste héritage » (1).

Mais, si dès la fin du XVe siècle, la France, l'Angleterre, la Hollande n'admettent pas que le droit de souveraineté sur des contrées encore inconnues puisse dépendre de la concession qui en est faite par le Souverain Pontife, en revanche elles font découler ce droit uniquement de la priorité de découverte, principe non moins erroné. Il suffit qu'un navigateur à leur solde aborde le premier sur une île, en un point quelconque du nouveau continent, déclare l'occuper en leur nom et consacre cette déclaration par des inscriptions sur un poteau, une croix, des plaques de métal enterrées dans le sable ou cachées dans les rochers, pour qu'elles considèrent ces parages comme faisant définitivement partie de leur domaine, sans plus ample établissement (2). Souvent même il n'y

(1) Raynal, *Hist. philos. et polit. des établissements et du commerce des Européens dans les deux Indes*, t. VI, p. 11.

(2) V. Bluntschli, *Dr. int. codifié*, art. 278, n. 1. — P. Fiore, *Nouv. Dr. intern.*, t. II, § 853. — Ortolan, *Dom. int.*, § 62. — Carnazza-Amary, *op. cit.*, t. II, p. 15 et suiv.

a aucun simulacre de prise de possession. Ainsi l'Angleterre basait sa souveraineté sur le continent Nord-Est américain, sur ce simple fait que le vénitien Cabot, alors à son service, avait vu et côtoyé le premier le rivage du 56° au 38° de latitude. Nous voyons, il est vrai, la même puissance proclamer, près d'un siècle plus tard, la nécessité d'une occupation réelle, effective, pour acquérir un droit de propriété sur des terres sans maître. Il s'agissait de l'expédition dirigée par l'amiral anglais Drake vers le Nouveau-Monde. L'ambassadeur d'Espagne ayant protesté contre cette expédition, la reine Elisabeth lui répondit : « Qu'elle ne reconnaissait aux Espagnols aucun titre en vertu de la donation de l'évêque de Rome, ni aucun droit sur d'autres lieux que ceux dont ils avaient actuellement la possession ; le fait d'avoir seulement touché à divers points sur la côte et donné des noms à quelques rivières et à quelques caps était chose trop insignifiante, pour pouvoir créer un droit quelconque à la propriété de plus de pays que *les régions où ils s'étaient réellement établis et continuaient d'habiter* » (1).

Nous trouvons encore de temps à autre des affirmations de ce genre durant le cours des XVIIe et XVIIIe siècles. Notamment, à propos du conflit relatif à l'île de Sainte-Lucie, les commissaires français, dans leurs mémoires, reconnaissent que les chartes et commissions délivrées par les gouvernements européens, avec indication des territoires concédés, « constituent moins une preuve de possession qu'une permission d'occuper » et ne sauraient remplacer les actes « *d'une possession solide et durable* », les seuls ca-

(1) Camden, *Annales*, année 1580.

pables d'engendrer un droit de propriété sur des contrées n'appartenant encore à personne (1).

Mais les gouvernements mêmes qui formulaient ces déclarations, faites le plus souvent pour les besoins de la cause, étaient loin d'y conformer leur conduite.

L'examen de quelques contestations survenues entre les divers Etats de l'Europe, soit à la fin du siècle passé, soit au commencement de notre siècle, montre clairement qu'à cette époque on était loin encore de regarder la possession effective comme un principe de droit définitivement établi et s'imposant d'une manière absolue aux puissances colonisatrices.

En 1764, Bougainville aborde aux îles Malouines ou Falkland et y fonde une colonie française. Aussitôt l'Espagne revendique la propriété de ces îles, sous le prétexte qu'elles ont été découvertes près de trois siècles auparavant par le célèbre navigateur Améric Vespuce, dans son troisième voyage vers le Nouveau-Monde. Bien que depuis ce moment, elle n'ait exercé sur les Malouines aucun acte d'autorité, ni procédé à aucune organisation administrative, le roi de France s'empresse cependant de faire droit à sa requête. La Compagnie de Saint-Malo est obligée d'évacuer l'archipel et de céder aux Espagnols, moyennant indemnité, les établissements fondés par elle à la Soledad (2).

Dix ans auparavant, l'Angleterre, après avoir préparé une expédition pour aller s'établir aux Malouines, s'était désistée de son entreprise, sur les représentations du cabinet de Madrid, reconnaissant elle aussi

(1) *Mémoires des Commissaires du Roi et de ceux de Sa Majesté britannique sur les possessions des deux couronnes en Amérique*, t. I. Observations des commissaires français sur le mémoire des commissaires anglais, p. 20, n. *a* et n. *b*.

(2) Calvo, t. I, § 287.

formellement les droits de la couronne de Castille. Une nouvelle tentative de sa part (1765), suivie cette fois d'un commencement d'exécution, aboutit au même résultat : après de longs débats, les Anglais finirent par accepter les titres de propriété invoqués par l'Espagne (1). Depuis, cette dernière puissance a pris véritablement possession de l'archipel des Malouines par la nomination de gouverneurs, l'entretien de garnisons, de garde-côtes, etc., sans être troublée par aucune nation étrangère, et lorsque l'émancipation des colonies espagnoles est venue transférer à la République argentine les titres domaniaux de la métropole dans ces parages, ces titres ne reposaient plus seulement sur la priorité de découverte, mais sur l'occupation effective et une longue possession paisible et non interrompue. Aussi comment qualifier l'ordre donné par le gouvernement anglais, en 1833, au commandant de la corvette *Clio* de s'emparer par force des Malouines, et d'y exercer « les droits *anciens* et *incontestables* dévolus à S. M. B. » (2)? Quels sont donc ces droits? Résultent-ils des établissements fondés jadis par les Anglais à Port-Egmont ? Sans doute, les titres de l'Espagne à la propriété de l'archipel étaient alors insuffisants,

(1) Déclaration espagnole et contre-déclaration britannique du 22 janvier 1771. Sa Majesté catholique laissait, il est vrai, aux Anglais leurs établissements à Port-Egmont ; mais cette concession, plus apparente que réelle, avait uniquement pour but de sauvegarder l'amour-propre britannique. Des documents très sérieux permettent, en effet, d'établir qu'elle fut accompagnée d'un accord tenu secret entre les deux gouvernements, par lequel l'Angleterre s'engageait à abandonner Port-Egmont dans un certain délai. L'abandon eut lieu en 1774. V. Pradier-Fodéré, La République argentine et le droit international, *Rev. de dr. int.*, t. XX.

(2) Calvo, *loc. cit.*

mais l'Angleterre les avait reconnus antérieurement, et en tous cas, à deux reprises différentes (1), elle a, depuis les événements de 1765, désavoué sa conduite et renoncé à ses prétentions. Et, c'est après avoir laissé s'écouler plus d'un demi-siècle sans nouvelle protestation, après avoir permis à l'Espagne de consolider sa possession d'une façon inattaquable, qu'elle songerait à revenir sur un pareil désaveu ! L'agression du gouvernement anglais doit être considérée comme un véritable abus de la force, une usurpation criante ; cependant, à l'heure actuelle, le cabinet de Buenos-Ayres n'a pas encore obtenu satisfaction.

Dans les discussions entre la Grande-Bretagne et les Etats-Unis au sujet de la propriété du territoire de l'Orégon, nous voyons ces derniers mettre en avant comme titres d'acquisition : la découverte primordiale du fleuve Colombia par le capitaine Gray de Boston (1792), l'exploration du cours de cette rivière depuis sa source jusqu'à son embouchure par les capitaines Lewis et Clarke (1805-1806), enfin le traité conclu avec l'Espagne en 1819 (2). Par ce traité, le gouvernement espagnol cédait aux Etats-Unis tous ses droits sur l'Orégon, droits fondés uniquement d'ailleurs sur la découverte du pays par des sujets espagnols. Les Etats-Unis invoquaient encore subsidiairement l'occupation de quelques points de la côte, en particulier d'Astoria, où des négociants américains avaient installé des comptoirs. Mais cette prise de possession ne pouvait suffire, objectait avec raison le cabinet de

(1) Contre-déclaration du 22 janvier 1771, et traité du 28 oct. 1790.

(2) Calvo, t. Ier, § 286. — Wheaton, *Elém. du dr. Int.*, t. Ier, chap. IV, p. 165 et suiv. — P. Fiore, *Nouv. dr. Internat*, t. II, § 856.

Londres (1), pour assurer la domination du gouvernement américain sur une contrée d'une aussi vaste étendue que celle réclamée par lui. Du reste, l'Angleterre se bornait à revendiquer pour sa marine la priorité de la découverte du fleuve Columbia, sans pouvoir justifier non plus d'une prise de possession réelle. Finalement, le traité anglo-américain de 1846 partagea le territoire de l'Orégon entre les deux puissances ; la ligne de séparation traversait d'immenses solitudes qui n'avaient jamais subi l'exercice effectif de la souveraineté soit des Etats-Unis, soit de la Grande-Bretagne (2).

SECTION IIe

*Des actes constituant l'occupation effective d'après l'article 35 de l'*Acte général *de Berlin. — Devoirs de l'occupant.*

§ Ier. — *Analyse de l'article 35.*

La plupart des grands principes du droit des gens proclamés par les Congrès de notre siècle : abolition

(1) Il est intéressant de reproduire les déclarations à ce sujet de MM. Huskisson et Addington, commissaires anglais : « Sur la question de savoir jusqu'à quel point la priorité de découverte constitue un titre légal de souveraineté, le droit des gens est assez vague et peu défini. Les publicistes les plus autorisés admettent cependant qu'une simple découverte accidentelle, non accompagnée d'exploration ou d'une prise de possession formelle au nom du Souverain du découvreur, ni d'une occupation et d'un établissement plus ou moins permanent, ni de l'achat du territoire et de l'acquisition de la souveraineté des mains de la nation, constitue un titre du degré le plus inférieur... » V. Sir Travers Twiss, *Le Droit. des gens*, t. Ier, chap. 8, § 122.

(2) Ch. de Martens et de Cussy, *op. cit.*, t. V, p. 662.

de la traite, liberté fluviale, immunité de la propriété ennemie sous pavillon neutre, *effectivité* des blocus, n'étaient pas des principes absolument nouveaux lorsque les représentants des puissances européennes furent appelés à les sanctionner, et cependant, fait remarquer Engelhardt, il n'était ni moins opportun, ni moins nécessaire d'inscrire solennellement ces règles dans le Code des nations civilisées (1). En exigeant la prise de possession réelle comme l'une des conditions de validité de l'occupation, la Conférence de Berlin n'a pas posé non plus un principe nouveau en droit international, mais sa déclaration sur ce point marque à coup sûr un progrès incontestable. Après ce que nous venons d'établir précédemment, on conviendra, en effet, que jamais aucun principe n'eût autant besoin, pour être respecté, de faire l'objet d'un engagement conventionnel entre les Etats ! Toutefois, si utile qu'ait été l'œuvre de la Conférence, elle n'en reste pas moins une œuvre incomplète ; les deux conflits survenus postérieurement à la conclusion de l'*Acte général*, le récent partage de l'Afrique entre les puissances colonisatrices le prouvent surabondamment. L'article 35, comme l'article 34, vise uniquement les occupations futures (2) et seulement en

(1) Etude sur la déclaration de la Conférence, etc. *R. de dr. int.*, t. XVIII, p. 441.

(2) L'article 35 ne le mentionne pas, mais cela résulte expressément de la rubrique du chapitre VI et de l'interpellation du ministre des Etats-Unis au cours des débats. M. Kasson ayant demandé si les occupations actuelles ne devraient pas à l'avenir être soumises aux conditions d'*effectivité* fixées par la Conférence, les autres plénipotentiaires, tout en reconnaissant l'utilité d'une pareille extension, se refusèrent à l'admettre et ils rappelèrent les motifs qui avaient conduit la Conférence à bien spécifier, dès le début, qu'aucune de ses décisions n'aurait un caractère rétroactif. (Rapport de la commission, *Livre Jaune*, p. 216). Enfin dans la séance du 31 janvier 1885, Saïd

tant qu'elles concernent le littoral africain; plusieurs Etats en ont profité pour persévérer dans les anciens errements, et revendiquer la propriété de territoires dont ils n'avaient jamais pris possession que nominalement. Sans aller aussi loin, d'autres ont invoqué, à l'appui de leurs prétentions, certains actes jugés insuffisants à Berlin pour constituer une prise de possession réelle.

La Conférence ne s'est pas en effet bornée à exiger une occupation effective, elle s'est de plus efforcée de préciser les actes d'où découle l'*effectivité*. Parmi les publicistes, beaucoup étaient restés sobres de détails sur ce point : G.-F. de Martens, Klüber, Heffter énoncent le principe presque sans aucun développement. D'après Pinheiro Ferreira qui traite assez à fond la question, une puissance, venant à découvrir un pays jusque-là inconnu ou inoccupé, en acquiert la propriété par cela seul qu'elle y fonde des établissements soit d'agriculture, soit d'une autre branche d'industrie (1). Pour savoir, dit-il, si tel territoire appartient ou non à un peuple, il faut examiner d'abord s'il en profite ou s'il songe à y appliquer les moyens nécessaires à la production. Cette définition de l'*effectivité* donnée par le jurisconsulte portugais nous semble absolument inexacte. Pour qu'un Etat acquière la propriété d'une contrée sans maître, il n'est pas nécessaire qu'il en jouisse réellement, il suffit qu'il se soit mis à même d'en jouir ; en d'autres termes, les travaux d'*exploi-*

Pacha formula ses réserves touchant les possessions du Sultan au Nord et à l'Est du continent africain jusqu'au cap Ras-Hafun. Sur le désir exprimé par lui, on inséra au Protocole que les règles posées par la Conférence ne sauraient se rapporter à ces territoires. *Livre Jaune*, Protocole VIII, p. 206.

(1) *Cours de dr. public int. et ext.*, t. II, art. VII, § 22. — Cpr. Carnazza-Amari, *op. cit.*, t. II, p. 15 et suiv.

tation doivent être soigneusement distingués des travaux d'*occupation*. Ceux-ci consisteront, par exemple, dans la construction de forteresses, l'envoi de troupes, la délégation sur les lieux d'un agent revêtu d'un caractère officiel. Le plus souvent, ils seront précédés, accompagnés ou suivis des travaux d'exploitation : création d'établissements commerciaux, mise en valeur du pays etc. Entre ces deux catégories de travaux il existe pour ainsi dire un lien indissoluble ; l'Etat qui s'empare d'un territoire, s'en empare évidemment pour en retirer un avantage, une utilité quelconque. Mais il reste libre cependant de le laisser improductif ou de retarder, aussi longtemps qu'il lui plaira, le moment de la colonisation. En revanche, si l'établissement d'une souveraineté de fait constitue une appropriation suffisante, l'existence de cette autorité est en même temps nécessaire et ne saurait être suppléé par l'exploitation du *territorium nullius*.

Telle est la doctrine de Blüntschli : la prise de possession consiste « dans le fait d'organiser *politiquement* la contrée récemment découverte » (1) ; telle a été également la doctrine admise par la Conférence de Berlin.

L'article 35 est ainsi conçu :

« Les Puissances signataires du présent Acte reconnaissent l'obligation d'assurer, dans les territoires occupés par elles, sur les côtes du continent africain, l'existence d'une autorité suffisante pour faire respecter les droits acquis et, le cas échéant, la liberté du commerce et du transit dans les conditions où elle aurait été stipulée. »

On reste tout d'abord frappé de la concision avec laquelle les membres de la Conférence ont cru devoir

(1) *Op. cit.*, art. 278, note 1.

exprimer ici leurs décisions. Pour bien comprendre le sens et la portée de l'article 35, nous serons obligés de recourir tout à la fois aux travaux de la commission chargée de la rédaction définitive de cet article, et aux négociations échangées, antérieurement à la Conférence, entre la France et l'Allemagne.

La France est peut-être l'une des premières et des rares puissances coloniales qui aient rompu franchement avec le système des occupations fictives, ainsi que le témoigne la formation successive de ses établissements sur le continent africain. L'Allemagne avait suivi cet exemple dans ses premiers essais de colonisation. Aussi les deux gouvernements devaient-ils tomber d'accord pour inscrire, en première ligne, la prise de possession effective parmi les conditions de validité de l'occupation, qui seraient soumises plus tard à l'approbation des représentants des puissances.

D'après le projet franco-allemand, les puissances reconnaissaient « l'obligation d'établir et de maintenir dans les territoires ou endroits occupés ou pris sous leur protection une juridiction suffisante pour faire observer la paix, respecter les droits acquis et, le cas échéant, les conditions sous lesquelles la liberté du commerce et du transit aura été garantie » (1). En comparant ce texte avec l'article 35, il est facile de constater certaines divergences; la plus importante est assurément la suppression dans le texte définitif de la mention relative aux protectorats.

L'occupation et le protectorat désignent des situations politiques tout à fait différentes. L'occupation suppose la prise de possession d'un territoire sans

(1) *Livre jaune*, p. 218.

maître, elle a pour effet de le placer sous la souveraineté pleine et entière de l'occupant. Le protectorat, au contraire, s'applique nécessairement à un territoire déjà occupé, et tire son origine du lien de protection qui unit entre elles deux puissances. Il a pour base un contrat synallagmatique dont les éléments principaux peuvent se résumer ainsi : « de la part du protégé, abandon de la souveraineté extérieure entre les mains du protecteur et renonciation au pouvoir juridictionnel territorial à l'encontre des sujets de l'Etat protecteur ; de la part de ce dernier, engagement de défendre le pays protégé contre toute agression extérieure et promesse de l'assister dans sa marche vers la civilisation » (1). La puissance protégée conserve donc en principe son autonomie administrative, sa souveraineté intérieure, et c'est seulement dans ses rapports avec les autres nations, que la puissance protectrice se substitue à elle. Voilà la forme la plus simple du protectorat. Nous la rencontrons dans le traité conclu à Tamatave (17 déc. 1885) entre la France et Madagascar (2). L'article 2 stipule en termes exprès que le Résident, représentant le gouvernement de la République française, présidera aux relations extérieures de Madagascar, sans s'immiscer dans l'administration intérieure des Etats de S. M. la Reine.

A côté de ces clauses fondamentales, les parties restent libres d'insérer telle ou telle clause, donnant à l'Etat protecteur des pouvoirs plus étendus et lui conférant une partie de l'exercice de la souveraineté

(1) Wilhem, Théorie juridique des Protectorats, *Journ. du droit int. privé*, 1890, p. 205. L'auteur envisage l'hypothèse la plus fréquente, la seule qui nous intéresse, celle où le protectorat est établi entre deux Etats de civilisation différente.

(2) *Annuaire de législation française*, 1887, p. 210.

intérieure. Ainsi, par le traité du Bardo (1), notre gouvernement s'est réservé (art. 7) le droit d'intervenir dans l'administration financière de la Tunisie (2), intervention confirmée par la convention additionnelle du 8 juin 1883 (3). En Annam, et surtout au Cambodge (4) et au Tonkin (5), l'ingérence de la France est encore bien plus grande. Mais, dans tous les cas, l'Etat protégé devra conserver son existence internationale et une part quelconque de sa souveraineté intérieure, autrement on ne se trouverait plus en présence d'un protectorat, mais d'une annexion pure et simple.

Aussi, d'après nous, était-il impossible à la Conférence d'établir une parité complète, au point de vue des obligations à remplir par l'une et l'autre, entre la puissance qui étendrait sa protection sur l'un des Etats du littoral africain, et celle qui s'emparerait, sur ce même littoral, d'un territoire inoccupé. Telles obligations, supposant la jouissance pleine et entière du droit de souveraineté et découlant tout naturellement de l'occupation, demeurent au contraire, par là même, inconciliables avec les caractères du protectorat. Cependant le refus de la Conférence d'admettre l'assimilation proposée par l'accord franco-allemand a été en général assez vivement critiqué : on a reproché aux plénipotentiaires d'avoir, en quelque sorte, par ce refus, facilité les établissements fictifs, ce qu'ils cherchaient précisément à prévenir.

(1) 12 mai 1881. De Clercq, *Recueil des traités de la France*, t. XIII, p. 25.
(2) De Clercq, t. XIV, p. 244.
(3) Traité du 6 juin 1884. De Clercq, t. XIV, p. 374.
(4) Traités du 11 août 1863 et du 17 janvier 1884. De Clercq, t. VIII, p. 608 et t. XIV, p. 382.
(5) Traité du 6 juin 1884. De Clercq, t. XIV, p. 374.

Certains Etats, il est vrai, ont entendu se servir de la distinction établie à Berlin pour déguiser, sous le nom de protectorat, des situations qui n'ont rien de commun avec lui, dans le but de se soustraire aux règles prescrites par l'article 35. Lorsque l'Allemagne, par exemple, déclare placer sous sa protection les territoires acquis par des Sociétés de commerce allemandes, ou habités par des hordes sauvages sans organisation politique, elle a beau décorer ce mode de colonisation du nom de *protectorat colonial administratif,* il est évident qu'il ne peut s'agir d'un protectorat du droit des gens (1), le seul qu'ait eu en vue la Conférence de Berlin, en l'éliminant de sa déclaration. Celui-ci suppose deux Etats en présence : dans l'espèce, si l'on aperçoit bien l'Etat protecteur, on chercherait en vain l'Etat protégé. Il y a donc en réalité occupation. Le territoire soumis au *protectorat colonial administratif* ne diffère du territoire de la colonie proprement dite que par le mode d'administration. Tous deux sont placés sous la souveraineté pleine et entière de l'Empire et engendrent à sa charge les mêmes obligations. Ces idées ressortiront davantage, quand nous étudierons plus loin le mécanisme de la politique coloniale allemande (2).

Chose curieuse d'ailleurs, après s'être montrée dans les pourparlers préliminaires si exigeante sur les conditions de l'*effectivité*, après avoir été la première à demander l'insertion de la clause relative aux protectorats, l'Allemagne fut peut-être ensuite la

(1) V. d'Orgeval, les Protectorats allemands, *Annales de l'Ecole libre des sciences politiques*, 1890, p. 698 et suiv. — Stengel, *Die Staats und volkerrechtliche Stellung der deutschen Kolonien*, ch. III : Eigentliche Kolonien und Schutzgebiete, p. 20 et suiv.

(2) V. *infrà*, ch. VII, § 2.

plus empressée à accepter la proposition de Sir Edward Malet, demandant la suppression de cette clause. Quelle était donc la cause de ce revirement inattendu? Dans l'intervalle, elle avait considérablement agrandi son domaine colonial et pouvait craindre « de se voir entraînée par des engagements trop étroits à des obligations morales et à des charges budgétaires, qui auraient pu dépasser la mesure de ses convenances ou de ses facultés actuelles. Les garanties que l'Empire réclamait de prime abord des fondations étrangères en faveur de ses nationaux, il était tenu de les donner lui-même dans ses propres établissements; et envisagée de plus près, à la lumière de récentes expériences, cette perspective lui faisait sans doute entrevoir plus d'embarras présents que de bénéfices à venir » (1). En faisant disparaître de l'article 35 la mention des protectorats, elle était guidée sans doute par l'espoir de comprenbre plus tard sous cette dénomination le *protectorat colonial administratif* qu'elle commençait à inaugurer, et de diminuer ainsi ses charges.

La simple protection, dont le gouvernement anglais couvre parfois certaines tribus sauvages et qui se traduit uniquement par l'institution de consulats chargés de rendre la justice aux nationaux, aux indigènes et même aux étrangers, ne saurait passer non plus pour un véritable protectorat (2). Ce patronage, plus ou moins réel, n'est pas de nature à soustraire à des compétitions ultérieures le territoire auquel il s'applique.

Tels sont les abus, que l'on a accusé la Conférence d'avoir favorisés et qui ont sans doute déterminé l'Institut à étendre aux protectorats les conditions d'*effec-*

(1) Engelhardt, Rapport, *Livre jaune*, p. 26.
(2) Engelhardt, *loc. cit.*, p. 25.

tivité prescrites pour les occupations (1). Mais nous persistons à penser qu'au point de vue juridique la décision de l'Assemblée de Berlin semble plus correcte ; son seul tort est peut-être de n'avoir pas précisé ce qu'elle entendait par le mot : protectorat. D'ailleurs il ne faut pas l'oublier, d'après l'article 34, le protectorat doit être notifié aux puissances signataires et cette notification leur permet d'exercer un contrôle officiel. S'agit-il d'une occupation qualifiée protectorat, dans leurs réclamations les intéressés rétabliront les choses dans leur véritable état, et exigeront de la puissance pseudo-protectrice des garanties analogues à celles de l'article 35. S'agit-il au contraire d'une simple protection consulaire, ils formuleront des réserves tendant à établir que le pays doté de cette institution ne saurait être envisagé comme un appendice colonial de l'Etat notifiant. Le mal n'est donc pas absolument sans remède.

Nous relevons une seconde différence entre l'avant projet franco-allemand et l'article 35. Au lieu d'imposer à l'occupant l'obligation « d'*établir et maintenir une juridiction suffisante pour faire observer la paix*, respecter les droits acquis », les plénipotentiaires ont exigé de lui l'obligation « d'*assurer l'existence d'une autorité suffisante* pour faire respecter les droits acquis ».

Le mot *juridiction* impliquait évidemment dans le texte primitif non pas seulement la création de tribunaux, mais encore la présence de la force armée et, d'une manière générale, une organisation plus ou moins complète des divers services publics. Cependant,

(1) Art. II de la déclaration de Lausanne. — Cfr. art. III du projet Engelhardt. L'art VI du projet de Martitz n'exigeait d'autre condition que la notification officielle. *Ann. de l'Inst.*, t. IX, p. 249.

pour éviter toute discussion sur ce point, il était préférable de remplacer ce terme par celui d'*autorité* dont l'acception est plus large. L'on comprend moins aisément la raison donnée par M. le baron de Courcel pour substituer l'expression d'*assurer l'existence* à celle *d'établir et maintenir*. Cette dernière forme, dit notre ambassadeur, prêterait à supposer que lors de l'occupation nouvelle il y aura toujours des innovations organiques à introduire pour la distribution de la justice, tandis que peut-être, dans certaines régions, « les institutions existantes » paraitront suffire et seront simplement conservées (1). Mais n'est-il pas assez difficile de concevoir un pays offrant le caractère de *territorium nullius* et présentant, néanmoins, une organisation telle, que pour se conformer aux prescriptions de la Conférence, l'occupant n'ait qu'à conserver les « institutions existantes » ? Sans doute il pourra tirer du pays occupé certains éléments qui joints à ceux fournis par la métropole serviront à asseoir sa souveraineté ; mais il y aura toujours quelques innovations à introduire, et il est bien vrai de dire que l'occupant *établit* une autorité absente jusqu'alors. L'observation de M. le baron de Courcel aurait été plus exacte, si la Conférence avait imposé à l'Etat protecteur les mêmes devoirs qu'à l'occupant ; mais au moment où il proposa cette rédaction nouvelle, on avait déjà convenu de supprimer dans le texte la mention des protectorats. Nous ne voyons qu'une seule manière de l'expliquer : détournant le mot occupation de son sens juridique, l'ambassadeur de France rangeait sous cette dénomination les deux cas suivants : prise de possession d'un territoire sans maître, annexion d'un territoire, soumis à

(1) Rapport de la commission, *Livre jaune*, p. 216.

une souveraineté indigène, en vertu d'une cession librement consentie.

« Dans des contrées occupées parfois depuis peu et souvent lointaines, la paix peut se trouver exposée à des vicissitudes que l'autorité ne saurait toujours conjurer. Des troubles qui ne seraient pas réprimés sur l'heure autoriseraient-ils des tiers à mettre les droits de l'occupant en question » ? (1) Il y aurait là, pensait M. le baron Lambermont, un véritable abus et, sur sa demande, on raya les mots pour *faire observer la paix ;* mais il resta entendu que les troubles devaient être passagers. Pour la même raison, la motion de l'ambassadeur d'Italie, tendant à remplacer la disposition éliminée par une clause affirmant l'obligation de *maintenir l'ordre*, fut repoussée. N'était-elle pas d'ailleurs, fit-on observer, implicitement comprise dans l'obligation de faire respecter les *droits acquis*, maintenue par la Conférence ?

Sur le sens de cette dernière expression, les plénipotentiaires tombèrent d'accord : il s'agit des droits *privés*, acquis soit antérieurement, soit postérieurement à l'occupation. Aussi le comité de rédaction avait-il proposé de le mentioner expressément (2). Dans la séance du 31 janvier 1885, M Kasson formula la même proposition, craignant une équivoque : on aurait peut-être pu supposer qu'il s'agissait des droits acquis par l'Etat occupant. Il ne leur fut pas donné satisfaction, on ne jugea pas l'intercalation du mot *privés* comme « indispensable. » Après les explications provoquées par la demande du ministre des Etats-Unis et leur insertion au protocole de la séance (3),

(1) Rapport de la commission, *loc. cit.*

(2) V. la rédaction arrêtée provisoirement par le comité. *Livre jaune*, p. 219.

(3) *Livre jaune*, Protocole VIII, p. 204.

toute contestation sur l'interprétation de cette clause paraît en effet difficile. Mais ce détail, relevé dans les travaux de la Conférence, montre une fois de plus la préoccupation singulière à laquelle ont semblé toujours obéir les représentants des puissances, en posant les conditions de l'*effectivité* : ne pas se départir d'une concision poussée parfois à l'extrême.

L'occupant est tenu de pourvoir à une administration judiciaire basée sur sa propre législation; c'est là une conséquence nécessaire de l'établissement de sa souveraineté territoriale. La chancellerie de Berlin avait demandé, lors de l'élaboration de l'avant-projet franco-allemand, 1° que cette obligation y figurât en toutes lettres, 2° qu'elle fut pourvue d'une sanction : si elle n'était pas remplie, « les sujets étrangers pourraient recourir à la juridiction de leurs consuls respectifs, aussi longtemps qu'une convention spéciale n'en aurait disposé autrement » (1). Elle invoquait le précédent créé par l'Angleterre. Au moment où l'Allemagne s'était établie à Cameroun, le gouvernement anglais lui avait imposé l'alternative d'une juridiction nationale ou d'une juridiction consulaire (2). La France se refusa à accepter une pareille sanction, dangereuse à ses yeux, car elle pourrait engendrer des abus et des conflits incessants. Quant à l'obligation en elle-même, notre gouvernement et, plus tard, la Conférence l'admirent sans discussion; mais, comme l'obligation relative au maintien de l'ordre, elle parut rentrer dans l'obligation plus générale de faire respecter les droits acquis.

(1) Engelhardt, Etude sur la déclaration de la Conférence, *Rev. de dr. int.*, p. 347.

(2) V. les dépêches échangées entre les deux gouvernements, Banning, *op. cit.*, p. 12 et suiv.

Nous arrivons à la dernière partie de l'article 35: l'occupant fera respecter, *le cas échéant*, la liberté du commerce et du transit dans les conditions où elle serait stipulée. Cette clause n'enlève pas à l'occupant le droit d'apporter au trafic étranger telles restrictions qu'il jugera néoessaires, et ne prescrit pas le libre échange comme une des conditions essentielles des prises de possession futures. Elle signifie simplement que si, par une convention, l'occupant s'est engagé vis-à-vis des autres puissances à laisser ouvert au commerce et au transit le territoire nouvellement occupé par lui, il devra se mettre en mesure de remplir ses engagements (1). Obligation au moins aussi évidente que tant d'autres dont l'insertion avait semblé inutile aux plénipotentiaires! Pourquoi ont-ils donc quitté ici leur réserve habituelle? La clause précitée était destinée surtout, dans la pensée des membres de la Conférence, à écarter la confusion qui aurait pu se produire dans les esprits, à la suite des prétentions formulées jadis par l'Allemagne. Poussée par le désir de faciliter les relations commerciales avec le continent africain, celle-ci, dès ses premières ouvertures au gouvernement français pour fixer de concert avec lui le régime des nouvelles colonies africaines, avait entendu imposer à l'occupant l'obligation « d'admettre les étrangers au libre trafic et de les garantir contre tout traitement différentiel. » Cette règle grevait en somme les territoires encore disponibles d'une servitude anticipée, elle constituait une véritable atteinte au droit de propriété que l'occupation ferait plus tard acquérir. Au point de vue juridique, du mo-

(1) Tel est le sens expressément attaché par le gouvernement français aux mots : *le cas échéant*. *Livre Jaune*, p. 217.

ment où l'occupant a prouvé par des actes indiscutables son *animus possidendi*, on ne voit pas en quoi l'établissement d'un régime prohibitif ou différentiel pourrait infirmer ses droits vis-à-vis des puissances tierces ; en fait, « une colonie ancienne qui se serait annexée un territoire voisin, géographiquement dépendant de son domaine, pourrait se trouver régie par deux systèmes économiques différents » (1). C'était là un inconvénient sérieux. Habilement développés par notre diplomatie, ces arguments firent renoncer l'Allemagne à son projet ; mais la chancellerie impériale demanda alors d'introduire la disposition finale de l'article 35, et la France y consentit tout en ayant bien soin de préciser le sens qu'elle lui donnait.

L'Assemblée de Lausanne n'a pas apporté d'éléments nouveaux aux conditions d'*effectivité* arrêtées par la Conférence, elle a toutefois le mérite de les avoir reproduites en termes plus clairs.

Art. I. « . . . .

La prise de possession s'accomplit par l'établissement d'un pouvoir local responsable, pourvu de moyens suffisants pour maintenir l'ordre et pour assurer l'exercice régulier de son autorité dans les limites du territoire occupé. Ces moyens pourront être empruntés à des institutions existantes dans le pays occupé » (2).

. . . .

Art. V. « Dans les territoires visés par la présente déclaration, l'autorité respectera ou fera respecter tous les droits, notamment la propriété privée, tant indigène qu'étrangère, tant individuelle que collective » (3).

(1) Engelhardt, Etude sur la déclaration de la Conférence... etc., *loc cit.*

(2) Cf. article II du projet Engelhardt et article IV du projet de Martitz. *Ann. de l'Inst.*, t. IX, p. 248 et 251.

(3) Cf. article VII du projet Engelhardt et article VIII du projet de Martitz. *Ann. de l'Inst., loc. cit.*

Quelle sera la sanction de l'article 35 ? Si la prise de possession bien que dûment notifiée n'a été suivie, dans un délai raisonnable (1), d'aucun commencement d'organisation, elle demeure fictive et par suite sans valeur ; c'est là un point certain. L'Etat qui n'a pas voulu assumer les charges qu'entraîne la propriété internationale, ne doit pas être admis non plus à en revendiquer les bénéfices ; la condition suspensive, sous laquelle le territoire avait perdu momentanément sa qualité de *territorium nullius*, est réputée défaillie, et celui-ci demeure à la disposition de tout nouvel occupant. On pourrait être tenté de dire que la situation reste la même lorsqu'il y a eu commencement d'organisation, organisation insuffisante toutefois pour offrir aux puissances tierces toutes les garanties que la Conférence leur permet d'exiger. Mais il serait dangereux d'appliquer en droit international les principes avec la même rigueur qu'en droit privé. La solution suivante nous semble plus équitable : avant de prendre possession du pays déjà soumis à une tentative d'appropriation, l'intéressé mettra le pseudo-occupant en de-

(1) L'ambassadeur d'Italie avait demandé « si l'obligation d'établir une autorité suffisante ne comportait pas de délai et s'il ne conviendrait pas d'intercaler après le mot *établir* les termes *dans un délai raisonnable*. Il a été entendu que la puissance occupante disposerait du temps raisonnablement nécessaire. » (Rapp. de la commission *Livre jaune*, p. 217). Terme un peu vague assurément et susceptible d'engendrer des contestations. Mais était-il possible de préciser et de fixer un délai uniforme, trente ans par exemple, comme le proposent certains publicistes ? (Pasquale Fiore, *Dr. int, cod.*, art. 553). Nous ne le croyons pas. Mille circonstances diverses, entre autres le plus ou moins d'éloignement du territoire occupé, peuvent hâter ou retarder la présomption de renonciation tirée de l'inaction de l'occupant. Il y a là une question de fait susceptible d'être résolue seulement, dans chaque cas particulier, par l'examen des circonstances de la cause.

meure de procéder sans retard à une organisation plus complète ; si sa sommation reste sans effet, il aura alors incontestablement le droit d'occuper.

§ II. — *Devoirs de l'occupant.*

Sur le désir exprimé par M. Kasson, l'intitulé primitif du chapitre VI : *formalités à observer pour que des occupations nouvelles sur les côtes d'Afrique soient considérées comme effectives* a été remplacé par celui-ci : *Conditions essentielles à remplir pour* etc. (1). A côté des obligations énumérées dans le paragraphe précédent, d'autres devoirs en effet incombent à l'occupant. Toute puissance civilisée vraiment digne de ce nom, dès qu'elle entre en contact avec des races d'un ordre inférieur, doit se proposer pour but de les arracher à leur dégradation morale et physique. Rappelons toutefois que la civilisation ne s'implante pas par la force, c'est par l'exemple, par la persuasion qu'elle s'impose. C'est en combattant sur le sol légitimement acquis par elle les fléaux qui désolent le continent africain, notamment l'esclavage, la traite, l'importation des alcools, en faisant prévaloir dans toute l'étendue de leur autorité la justice et l'humanité, que les puissances colonisatrices favoriseront le développement matériel et moral des indigènes : mission noble et généreuse qu'elles sont loin d'avoir toujours comprise.

Il serait cependant injuste de ne pas reconnaître les efforts tentés par les gouvernements civilisés, depuis le commencement de ce siècle, pour arriver à la répression de la traite. Sans faire l'historique de toutes

(1) Rapport de la commission, *Livre jaune* p. 213.

les mesures et conventions destinées à abolir ce honteux trafic, condamné solennellement par les Congrès de Vienne, d'Aix-la-Chapelle et de Vérone, voyons brièvement les résolutions adoptées par la Conférence de Berlin. Nous dirons ensuite quelques mots de la Conférence anti-esclavagiste de Bruxelles.

Tandis que les déclarations de Vienne et de Vérone visaient uniquement la traite maritime, sans en organiser d'ailleurs la surveillance, la Conférence de Berlin s'est occupée d'atteindre le commerce des esclaves sur terre, en tant qu'il fournit des esclaves à la traite; et elle y a consacré les articles 6 et 9 de l'*Acte général.*

Par l'article 6, les puissances signataires possédant des territoires dans le bassin conventionnel du Congo s'engagent : à veiller à la conservation des populations indigènes, à l'amélioration de leurs conditions morales et matérielles d'existence, et à concourir à la suppression de l'esclavage et surtout de la traite. Elles devront favoriser sans distinction de nationalité ni de culte toutes les institutions et entreprises religieuses ou scientifiques ; assurer une protection efficace aux missionnaires chrétiens, aux savants et aux explorateurs, et à leurs escortes, avoir et collections. N'est-ce pas, en effet, par la propagation de l'instruction et de l'idée chrétienne d'égalité que l'on préparera le plus sûrement l'émancipation morale des noirs? L'article 6 garantit en outre aux indigènes, nationaux et étrangers la liberté de conscience et le libre et public exercice de tous les cultes. Nous trouvons toutes ces dispositions reproduites dans la déclaration de Lausanne (1), elles forment autant de devoirs pour l'occupant.

(1) Art. VI et VII. — Cpr. art. VIII et IX, projet Engelhardt.

L'article 9 est plus spécialement consacré à la répression de la traite : « Conformément aux principes du droit des gens tels qu'ils sont reconnus par les puissances signataires, la traite des esclaves étant interdite, et les opérations qui, sur terre ou sur mer, fournissent des esclaves à la traite devant être également considérées comme interdites, les puissances qui exercent ou exerceront des droits de souveraineté ou une influence dans les territoires formant le bassin conventionnel du Congo, déclarent que ces territoires ne pourront servir ni de marché ni de voie de transit pour la traite des esclaves de quelque race que ce soit. Chacune de ces puissances s'engage à employer tous les moyens en son pouvoir pour mettre fin à ce commerce et punir ceux qui s'en occupent. » Sir Edward Malet et M. Kasson auraient préféré que la règle édictée par la haute Assemblée, au lieu de s'appliquer à des territoires limitativement désignés, eût un caractère plus général et que la Conférence préparât « un acte séparé, applicable au monde entier et destiné à former le complément du droit international en matière de traite » (1). Il leur fut donné en partie satisfaction : l'article 9 fait l'objet d'un chapitre spécial, le chapitre II, et le préambule de l'article condamne d'une manière générale la traite des esclaves ; mais, au point de vue pratique, les puissances n'ont pris d'engagement que pour les territoires formant le bassin conventionnel du Congo. Elles auraient dû aller plus loin, et accepter l'amendement du plénipotentiaire portugais au projet de déclaration sur les conditions de l'*effectivité* de l'occupation : l'occupant serait tenu d'exercer une autorité suffisante pour

(1) *Livre jaune*, Séance du 22 décembre 1884, Protocole VI, p. 183.

rendre effective l'abolition de l'esclavage (1). L'intention de M. de Serpa Pimentel n'était pas d'exiger la suppression brusque de l'esclavage, remède plus funeste peut-être que le mal (2), mais son abolition progressive, en prohibant la traite sur toutes les parties du littoral encore inoccupées et en y interdisant l'achat ou l'emploi d'esclaves par d'autres que les indigènes. Cet amendement a été adopté par l'Assemblée de Lausanne (3).

La croisade entreprise par son Eminence le Cardinal Lavigerie en faveur des noirs, l'accueil sympathique que le vénérable prélat a rencontré partout où sa parole éloquente s'est fait entendre, en France, en Angleterre, en Belgique, en Hollande, en Italie, la création de l'Œuvre anti-esclavagiste (4), couronnement de tant d'efforts et de dévouement, ont déterminé en Europe un mouvement tel que l'on peut considérer à bon droit le cardinal Lavigerie comme le véritable

(1) Rapport de la commission, *Livre jaune*, p. 218.

(2) « L'esclavage est un facteur essentiel de l'état social africain; sa disparition violente provoquerait des ruines incalculables, un chaos immense où rien ne survivrait. Pour le moment l'on doit se contenter de combattre la traite; le marchand d'esclaves, voilà le bourreau de millions d'hommes qu'il faut traquer et anéantir sans merci...» Discours prononcé par le cardinal Lavigerie à Saint-Sulpice le 20 septembre 1890. V. également sa lettre au roi des Belges (8 nov. 1889). (*Archives diplomatiques*, 1890, t. XXXIII.) — M. Engelhardt avait déjà développé la même idée. (Rapport au ministre des affaires étrangères, *Livre jaune*, p. 29.)

(3) Art. VIII et IX : le premier relatif à l'abolition progressive de l'esclavage; le second, à la répression de la traite terrestre. Cf. art. IX projet de Martitz et art. X et XI projet Engelhardt. — Pendant la session de Lausanne, l'Institut a renvoyé devant une commission d'études l'examen des mesures destinées à réprimer la traite maritime et à réglementer la police des navires négriers.

(4) Sur la constitution et le fonctionnement de cette œuvre, V. Lettre du Cardinal Lavigerie au roi des Belges, *loc. cit.*

promoteur de la Conférence de Bruxelles. Lorsqu'au mois de mai 1889, le roi des Belges invita les diverses puissances à envoyer leurs représentants à Bruxelles pour aviser ensemble aux moyens de réprimer la traite sur le continent africain, cet appel devait être partout favorablement entendu ; chacun sentait qu'il était nécessaire d'étendre et de compléter les règles édictées à Berlin.

« La Conférence de Bruxelles n'a pas seulement élargi le programme de ses devancières, en l'envisageant sous des aspects nouveaux, elle s'est aussi, elle s'est surtout appliquée à donner une sanction pratique aux principes antérieurement établis » (1). Réprimer la traite aux lieux d'origine, la combattre sur mer, lui fermer ses débouchés ordinaires et empêcher l'offre en supprimant la demande, tel a été l'objet des délibérations de la Conférence. Le dernier point exigeait le concours des puissances dont les institutions comportent l'esclavage domestique : la Turquie, la Perse, le sultan de Zanzibar se sont engagés à prohiber l'importation des esclaves africains dans leur territoire.

Nous n'entreprendrons pas d'énumérer les mesures à prendre aux lieux d'origine pour entraver la chasse à l'homme. Elles sont minutieusement réglées dans les chapitres I et II de l'*Acte général* du 2 juillet 1890 auquel nous nous bornons à renvoyer (2).

Si la répression de la traite a été le principal objectif de la Conférence anti-esclavagiste de Bruxelles,

(1) Engelhardt, La Conférence de Bruxelles de 1890 et la traite maritime, *Rev. de dr. int.* t. XXII, p. 603 et s.

(2) V. le texte de l'*Acte général* dans les *Arch. dipl.* 1890 t. XXXIV p. 206 et s. L'anné 1891 contient les procès-verbaux des séances. V. également Engelhardt, *loc. cit.* — Lavisse, *La vie politique à l'étranger* 1890. — Jean le Roy, Le congrès anti-esclavagiste de Bruxelles, *Economiste*, 19 avril 1890. — La Conférence de Bruxelles, *Correspondant*, 25 juillet 1890.

elle s'est appliquée d'une manière générale à protéger efficacement les populations africaines ; aussi devait-elle être amenée à s'occuper d'un autre fléau qui désole l'Afrique, et conduit promptement les noirs à la démoralisation ; nous voulons parler de l'abus des boissons alcooliques. L'Assemblée de Berlin s'en était préoccupée ; mais, sans prendre de mesures restrictives pour le trafic des spiritueux, les puissances signataires émirent simplement le vœu qu'une entente s'établisse entre elles pour prémunir les indigènes contre ce danger et concilier les droits de l'humanité avec les intérêts du commerce (1). L'insertion de ce vœu au protocole était-il suffisant ? Les puissances pouvaient-elles considérer leur responsabilité comme dégagée à la suite de cette manifestation toute platonique ? L'expérience le démontre malheureusement chaque jour davantage : l'alcool, les armes à feu, voilà les dons de joyeux avènement des Etats civilisés aux tribus sauvages, surtout lorsque la colonisation est confiée à des Compagnies de commerce. En présence des immenses bénéfices que leur procure l'introduction de leurs eaux-de-vie toxiques, elles n'hésitent pas à empoisonner les indigènes ou à les amener à la dégradation la plus complète.

Distinguant entre les régions du continent africain où l'usage des spiritueux existe déjà, et celles où l'alcool n'a pas encore pénétré, la Conférence de Bruxelles a établi dans les premières un droit *minimum* de 15 francs par hectolitre d'alcool à 50 degrés. Dans les secondes, la fabrication et l'entrée des boissons distillées sont entièrement prohibées Cette dernière

(1) *Livre jaune*, Protocole V, p. 132 et suiv. et Protocole VI, p. 181. — L'art. X de la déclaration de Lausanne porte : « Le débit des boissons fortes sera réglementé et contrôlé de façon

zône, comprise entre le 20e degré parallèle Nord et le 22e degré parallèle Sud, correspond à la zône adoptée pour l'interdiction de l'importation des armes à feu (1).

Jusqu'ici, deux des puissances représentées à Bruxelles, la France et le Portugal, n'ont pas encore ratifié l'*Acte général* qui est venu clore les travaux de la Conférence anti-esclavagiste. Dans la séance du 26 juin 1891, la Chambre des députés française a adopté la proposition suivante : « La Chambre surseoit à donner l'autorisation de ratifier l'*Acte général* de la Conférence de Bruxelles du 2 juillet 1890, la Déclaration en date du même jour et le Protocole signé à Paris le 9 février 1891. » Il est permis d'espérer que la France, dont les efforts et les sacrifices pour arriver à la répression de la traite ne se sont pas démentis un seul instant, ne laissera pas expirer les délais de ratification sans donner son adhésion à une œuvre essentiellement humanitaire (2).

à préserver les populations indigènes des maux résultant de leur abus. » Cf. art. XIII projet Engelhardt, et art. IX projet de Martitz.

(1) Chap. VI de l'*Acte général*.

(2) A peine avions-nous terminé ce travail que la Chambre autorisait le Président de la République française « à ratifier et, s'il y a lieu, à faire exécuter l'*Acte général* de la Conférence de Bruxelles du 2 juillet 1890, à l'exception des articles 21, 22, 23, 42 à 61, ainsi que la Déclaration en date du même jour... » (*Journ. off.* séance du 22 décembre 1891, p. 2788). C'est, en effet, la teneur de ces articles, relatifs à la répression de la traite maritime, qui avait déterminé le vote du 26 juin 1891. En les acceptant, la Chambre a considéré qu'elle soumettrait la France au droit de visite constamment repoussé par elle depuis deux siècles comme une atteinte à l'indépendance de son pavillon, à son droit de juridiction exclusif sur ses nationaux, à la liberté des mers. A la suite de pourparlers entre la France et la Belgique, il a été convenu que la France pourrait donner son adhésion à l'*Acte général* en faisant les réserves mentionnées plus haut.

SECTION III

Conflits postérieurs à la Conférence de Berlin.

§ I. — *Affaire des Carolines.*

Six mois presque jour pour jour après la clôture des travaux de la Conférence de Berlin, le 24 août 1885, la canonière allemande *Iltis* abordait à l'île d'Yap et déclarait en prendre possession au nom de l'Empire. L'Espagne protesta immédiatement contre cette occupation, revendiquant la propriété du groupe entier des Carolines dont fait partie l'île d'Yap, et, après quelques pourparlers, les deux gouvernements tombèrent d'accord pour soumettre leur différend à la médiation de Sa Sainteté le Pape Léon XIII (1).

Les arguments invoqués par l'Allemagne pour légitimer sa prise de possession peuvent se résumer ainsi : depuis un certain temps déjà, des sujets allemands avaient fondé sur divers points de l'archipel des Carolines un grand nombre d'établissements commerciaux, ce qui aurait été impossible si ces îles avaient fait partie du domaine colonial de l'Espagne, le commerce étranger ayant à lutter sur ce dernier avec des difficultés qui y rendent complètement impossible la création d'établissements commerciaux. Les navigateurs espagnols ont été les premiers à reconnaître le groupe des Carolines, c'est incontestable (2) ; mais jamais l'Espagne n'a su pro-

(1) Calvo, t. III, § 1692.

(2) Dès la fin du XVIe siècle, ils avaient parcouru les principales parties de l'archipel auxquelles ils donnèrent différents noms. En 1686, le pilote Francesco Lascano aborda à l'île Falalep du groupe d'Ouluthy qu'il baptisa du nom de Caroline en l'honneur de Charles II, dénomination qui s'étendit bientôt à tout le groupe. *Revue de géographie*, septembre et octobre 1885. — *Correspondant*, 10 octobre 1885.

fiter de leurs découvertes, ni exercé dans ces parages une souveraineté effective. Les Européens qui s'y sont établis ont dû se protéger eux mêmes contre les indigènes et supporter tout le poids de la colonisation. D'ailleurs, en 1875, à la suite de tentatives faites par le consul espagnol à Hong-Kong de procéder à des actes officiels relatifs aux Carolines, l'Allemagne et l'Angleterre refusèrent de reconnaître les droits de l'Espagne, et le cabinet de Madrid, après avoir pris connaissance de leurs protestations, les laissa sans réponse. L'archipel pouvait donc être considéré à bon droit comme un *territorium nullius.*

Soit, mais alors l'Espagne, comme n'importe quelle autre puissance, restait libre d'y planter son drapeau! Or un point est certain : quatre jours avant l'arrivée de la canonière allemande, deux transports de la marine royale espagnole débarquaient à l'île d'Yap un gouverneur avec des fonctionnaires subalternes, un médecin, des missionnaires, un détachement d'infanterie et des matériaux destinés à la construction d'édifices publics (1). Cédant aux sollicitations des Européens établis dans ces parages, le gouvernement espagnol se décidait à y entretenir des établissements administratifs et militaires. Cette tentative d'organisation, antérieure au déploiement du drapeau allemand, devait assurer au moins à l'Espagne un droit de préférence pour occuper. M. de Bismarck la déclara sans valeur, se basant sur les deux motifs suivants : 1° elle n'avait pas été notifiée aux autres puissances, 2° elle avait eu lieu après que le gouvernement impérial avait lui-même annoncé l'intention d'établir son protectorat sur l'archipel (2). Mais, pouvait-on ob-

(1) V. Selosse, *L'Affaire des Carolines*, p. 9.
(2) Rescrit du prince de Bismarck du 31 août 1885.

jecter, dans le cas présent la notification n'était pas obligatoire, elle restait purement volontaire ; quant au second point, les faits venaient contredire l'assertion du Chancelier. L'ordonnance royale confiant au Capitaine général des Philippines le soin d'organiser la colonie (3 mars), le vote des crédits nécessaires, le départ des vaisseaux espagnols du port de Manille (10 août), tous ces actes annonçant les projets bien arrêtés du gouvernement espagnol étaient antérieurs à la notification adressée par le comte de Solms le 11 août 1885 (1).

Maintenant est-il exact que l'Espagne, avant ces derniers événements, se soit complètement désintéressée des Carolines ? Le cabinet de Madrid soutenait qu'en dehors des mesures prises récemment à l'île d'Yap, le droit de propriété de l'Espagne sur l'archipel résultait suffisamment de toute une série d'actes, qu'elle y avait accomplis depuis la première découverte. En réalité, elle s'est bornée à y envoyer des missions scientifiques et religieuses, et si on ne pouvait méconnaître son influence civilisatrice dans ces régions, il était difficile d'admettre qu'elle les eût jamais soumises à l'exercice effectif de sa souveraineté.

Tenant compte dans une large mesure de cette influence et de l'organisation administrative tentée à la dernière heure par le gouvernement espagnol, le Souverain Pontife proposa, dans son Acte de médiation, de reconnaître la souveraineté de l'Espagne sur les Carolines, mais il ajoute : « Le gouvernement espagnol, pour rendre effective cette souveraineté, s'engage à établir le plus tôt possible dans le dit archipel une administration régulière avec une force suffisante pour garantir l'ordre et les droits ac-

(1) Selosse, *op. cit.*, p. 53.

quis » (1). Ce sont, à peu de choses près, les termes mêmes de l'article 35 de l'*Acte général* de Berlin et, à ce point de vue, la décision du Saint-Siège offre une importance capitale. Elle tend à prouver, en effet, que l'on ne devrait pas considérer l'*effectivité*, telle que l'a définie la Conférence, comme une règle nouvelle restreinte à quelques territoires, mais comme la consécration d'un principe de droit international universellement applicable.

L'Acte de médiation réservait à l'Allemagne la liberté du commerce, de la navigation et de la pêche dans les Carolines et le droit d'y fonder des établissements agricoles.

Telles furent les bases de l'arrangement conclu entre les deux gouvernements et signé à Rome le 17 décembre 1885 par leurs représentants (2).

§ II. — *Conflit anglo-portugais.*

Dans le conflit précédent, un point est à noter : c'est le désir manifesté, dès le début, par les deux parties contendantes d'arriver à une entente amiable et d'éviter, durant le cours des négociations, tout ce qui pourrait troubler la bonne harmonie de leurs relations. M. Canovas del Castillo, alors à la tête des affaires étrangères, s'efforça de calmer en Espagne l'amour-propre national dont l'exaltation aurait pu devenir dangereuse; et, il faut le reconnaître à l'honneur de la chancellerie allemande, elle fit tout pour lui faciliter cette tâche. Dès qu'elle eut connaissance des revendications du gouvernement espagnol,

(1) Calvo, § 1696.
(2) Calvo, § 1697.

elle ordonna de surseoir à tout acte d'exécution tant que la question de droit n'aurait pas été tranchée par l'auguste médiateur, et dans la suite elle n'hésita pas un instant à accepter les propositions du Saint-Siège.

Il n'en a pas été malheureusement de même ici. La longue querelle entre l'Angleterre et le Portugal, qui a duré près de deux ans, a pris à diverses reprises un caractère de gravité tel que l'on a pu craindre un dénouement sanglant. Des actes de violence ont été commis par les agents de la Compagnie anglaise Sud-africaine dans les contrées revendiquées de part et d'autre avec tant d'acharnement, et la diplomatie britannique semble avoir pris à tâche de blesser les susceptibilités d'un peuple qui a le tort de considérer l'Afrique comme un héritage séculaire, mais ne saurait oublier que ses navigateurs ont été les premiers à reconnaître les côtes du continent africain.

La possession des territoires en litige présentait, il est vrai, pour les deux gouvernements un intérêt des plus puissants ; elle devait être en quelque sorte le couronnement de la politique suivie depuis longtemps par chacun d'eux. Ces territoires comprennent d'une part la région bornée au Nord par le Zambèze, à l'Ouest par les rivières Sanyati et Oum Fouli, à l'Est par les rivières Sabi et Mazoe et connue sous le nom de Mashonaland ; d'autre part, une vaste contrée ayant pour limites au Sud le Zambèze, à l'Est la ligne de partage du lac Nyassa, au Nord l'Etat du Congo : les Anglais lui ont donné le nom de Nyassaland.

Quel est le plan de l'Angleterre ? Former en Afrique un immense empire colonial dont les deux assises, la colonie du Cap et l'Egypte, seraient reliées entre elles par une bande de territoire se prolongeant sans solution de continuité du Nord au Sud ; ce que dans un langage pittoresque lord Salisbury appelle le *corselet de la guêpe.* Voilà son but, elle travaille sans relâche à l'atteindre (1). Tandis que la colonie du Cap s'étendait peu à peu jusqu'au Zambèze, au Nord l'Angleterre pénétrait jusqu'au lac Victoria. Restait à relier le Zambèze au Victoria, et ici la convention anglo-allemande du 2 juillet 1890 est venue compromettre les plans du gouvernement anglais. Lord Salisbury a été obligé, en effet, de permettre que les possessions allemandes de la côte orientale, s'enfonçant dans l'intérieur jusqu'à l'Etat du Congo, rompent les anneaux de la chaîne destinée à relier le Cap aux sources du Nil. Il fallait empêcher à tout prix que pareil fait se renouvelât entre le Zambèze et le Nyassa: aussi l'Angleterre convoitait-elle ardemment le Mashonaland et le Nyassaland.

Mais, à l'exemple de l'Angleterre, le Portugal rêve lui aussi de posséder un empire colonial qui, traversant l'Afrique entière, mettrait en communication ses deux provinces du Mozambique et d'Angola. S'avançant l'un de l'Est à l'Ouest, l'autre du Nord au Sud, les deux Etats devaient fatalement se rencontrer : le choc se produisit dans les territoires précités, indispensables à chacun pour la réalisation de ses projets.

Le 9 novembre 1889, paraissait, dans la *Gazette officielle de Lisbonne*, un décret plaçant sous l'administration portugaise le territoire de Zumbo; d'après les limites indiquées, il embrassait le Mashonaland et le Nyassaland. Les protestations du gouvernement anglais ne se firent pas longtemps attendre; elles sont contenues dans la dépêche de lord Salisbury à M. Georges Glynn Petre, ministre de la Grande-Bre-

(1) Banning, *op. cit.*, p. 54 et suiv. — Lavisse, *la Vie politique à l'étranger*, 1889. — Chailley, Le conflit anglo-portugais, *Economiste*, 4 et 18 janvier 1890.

tagne à Lisbonne, en date du 21 novembre 1889 (1), et marquent le commencement du conflit.

En ce qui concerne le Mashonaland, lord Salisbury déclare que depuis le traité conclu avec le roi Lobengula et dûment notifié au Portugal (11 février 1888), ce pays se trouve placé sous l'influence britannique. Quant aux droits de l'Angleterre sur le Nyassaland, ils résultent de la création d'établissements le long du Chiré et des bords du lac Nyassa, tandis que le Portugal n'a jamais pris effectivement possession de cette contrée et n'y est représenté par aucune autorité capable d'exercer les droits ordinaires de la souveraineté.

Répondant à l'argument tiré de la convention avec le roi des Matébélés, le gouvernement portugais fit observer que depuis la notification officielle qui lui en avait été faite, il n'avait cessé de protester contre cette convention. Dans l'immense région cédée par Lobengula, il y a un grand nombre de tribus Mashonas qui ne lui sont soumises en aucune façon, il n'avait donc pas le droit de disposer de leur territoire, et, à l'appui de cette assertion, on peut invoquer le témoignage d'explorateurs anglais eux-mêmes. Mais à l'unique base de droit alléguée par la Grande-Bretagne que peut opposer le Portugal? Il oppose la priorité de découverte, la cession qui lui a été faite en 1630 par Monomotapa de son empire (2), dans lequel se trouve compris le Mashonaland; « l'occupation effective pendant des siècles, les travaux d'évangélisation et d'exploration, les œuvres commerciales et militaires, les travaux de différents genres dont les traces

(1) *Arch. diplom.*, année 1889, t. XXXII, p. 306.

(2) V. Traités conclus entre l'empereur Monomotapa et le Portugal. *Arch. dipl.* 1890, t. XXXV, p. 200 et suiv.

se rencontrent à chaque pas dans ces régions » notamment la construction de forteresses. « Fonder des villes et des villages, conclut M. Barros Gomès, construire des chemins pourrait constituer un acte de domination passagère, mais fonder des forteresses, c'est un acte de possession définitive de la part de celui qui est entré dans le pays, s'y est fixé et ne veut pas se retirer » (1).

Le ministre portugais est bien obligé de reconnaître que la situation est loin d'être la même touchant le Nyassaland ; non seulement il n'est pas à l'heure actuelle l'objet d'une occupation effective de la part du Portugal, mais il ne l'a jamais été. Néanmoins, les prétentions de son gouvernement lui semblent suffisamment fondées en tant qu'elles reposent sur la priorité de la découverte du Nyassa par des sujets portugais, découverte qui remonte à l'année 1624, sur quelques expéditions dirigées vers cette contrée et enfin sur l'établissement à Mponda, au Sud du lac, d'une mission des Pères blancs du cardinal Lavigerie. Il n'y a d'ailleurs, ajoute-t-il, dans le droit public international, aucune disposition d'après laquelle une occupation effective serait une condition essentielle pour que l'on puisse reconnaître la souveraineté de l'occupant. La Conférence de Berlin, il est vrai, a édicté cette règle, mais elle l'a prudemment limitée aux régions côtières de l'Afrique (2).

(1) Dépêche du ministre des affaires étrangères de Portugal à M. Luiz de Soveral chargé d'affaires à Londres, *Arch. dipl.* 1889, t. XXXII, p. 310.

(2) Pendant l'échange de ces premières notes, parvint en Europe la nouvelle du combat livré par le major Serpa Pinto à la tribu des Makololos qui voulait s'opposer au passage de l'expédition envoyée au lac Nyassa. Au moment d'engager la lutte les indigènes arborèrent deux drapeaux anglais, espérant arrêter ainsi les troupes portugaises ; Serpa Pinto les fit

La revendication du Mashonaland par le Portugal était, croyons-nous, légitime. Nombre de documents, d'une autorité incontestable, viennent en effet corroborer les déclarations de M. Barros Gomès et établir que ce pays a été au XVIIe et au XVIIIe siècle l'objet d'une colonisation très avancée, colonisation reprise dans ces derniers temps avec une nouvelle ardeur (1). Sur la seconde portion des territoires en litige, au contraire, on doit considérer ses prétentions comme absolument dénuées de fondement au point de vue juridique. Après des siècles d'inaction, le Portugal s'aperçoit que ces territoires dédaignés tant que personne ne faisait mine de s'en emparer constituent une richesse, et que ses capitaux y trouveront un emploi favorable. Pour s'en assurer la propriété il met en avant, à défaut d'autres moyens, ses *droits historiques*, c'est-à-dire les droits que lui a conférés la priorité de découverte. Mais ne sont-ils pas depuis longtemps prescrits? Voilà près de trois cents ans que les régions du

enlever et se fraya un chemin de vive force. D'après lui, ces drapeaux auraient été remis aux Makololos par M. Johnston, consul anglais à Mozambique. Abusant d'un sauf conduit délivré par le gouvernement portugais, il serait venu soulever des tribus amies du Portugal, ou du moins sans intentions hostiles, et commettre une véritable trahison. De son côté, l'Angleterre envisagea l'attaque du major contre une peuplade placée, disait-elle, depuis longtemps sous la protection britannique comme une violation du droit des gens. Quoi qu'il en soit de ces versions contradictoires, l'incident devait envenimer immédiatement le conflit entre les deux puissances. V. Lavisse *op. cit.* p. 183 et suiv. — *Revue de géographie* 1890, t. XXVI, p. 162.

(1) Le plus grand nombre de ces documents se trouve reproduit dans une brochure intulée : *La Question soulevée dernièrement entre l'Angleterre et le Portugal, considérée au point de vue international*, et attribuée à un jurisconsulte portugais M. J.-B. de Martens-Ferrao. — Cfr. *Revue de géographie, loc. cit.*

haut Zambèze et du haut Chiré ont été pour la première fois parcourues par des sujets portugais, et aujourd'hui on n'y rencontre pas encore un semblant d'autorité. Oubliant que l'occupation purement fictive a été de tous temps condamnée par la science du droit international, il se renferme dans l'interprétation littérale de l'article 35 de l'Acte de Berlin, et se retranche derrière les termes restrictifs qui sont venus limiter l'engagement conventionnel pris par les puissances. Rejetée jadis par Sa Sainteté le Pape Léon XIII, condamnée même, semblait-il, par la pratique des Etats au lendemain de la Conférence, cette interprétation paraissait malheureusement autorisée à l'heure actuelle par l'apparition de la doctrine de l'*Hinterland*, qui allait servir de base à des prétentions au moins aussi exagérées que celles du Portugal.

L'Angleterre se trouvait-elle en meilleure situation? Après avoir reproché à son adversaire l'absence de toute prise de possession réelle, pouvait-elle invoquer à son profit une occupation effective? Les établissements anglais situés le long du Chiré et au Sud du lac Nyassa, auxquels se réfère lord Salisbury dans sa dépêche du 21 novembre, consistent en une dizaine de stations appartenant à l'*African Lakes Company* et estimées dans un inventaire, dressé par la Compagnie elle-même (1), 1,100 livres sterling! Il existe en outre une mission écossaise à Blantyre. Et c'est là ce que le gouvernement britannique considérait comme un commencement d'organisation suffisant pour lui permettre de revendiquer une contrée de plusieurs centaines de mille kilomètres carrés!

Son principal argument a été, en définitive, le droit

(1) Il fut remis au major Serpa Pinto par un représentant de la Compagnie après l'expédition contre les Makololos. V. le *Temps*, 16 août 1890.

du plus fort, ainsi qu'en témoigne l'*ultimatum* brutal signifié au cabinet de Lisbonne d'avoir à évacuer immédiatement le Mashonaland et à renoncer à toute prétention sur le Nyassaland. Ce fut sa seule réponse à M. Barros Gomès qui réclamait, pour mettre fin au conflit, la médiation et, à défaut de conciliation, l'arbitrage d'une puissance tierce. Il avait cependant le droit d'exiger cette procédure touchant une partie des territoires litigieux. Une portion du Nyassaland se trouve, en effet, comprise dans les limites fixées par l'article 1er (al. 3) de l'*Acte général* de Berlin, c'est-à-dire dans l'ensemble de la zône ouverte au libre commerce, et tombait par là même sous l'application de l'article 12 du même Acte (1). Lord Salisbury prétendit que le Portugal, par suite du combat livré aux Makololos, avait perdu le droit d'invoquer l'article 12, attendu « qu'il en a de lui-même appelé aux armes avant le recours à la médiation et s'est par conséquent mis en cas d'infraction avec l'Acte de Berlin » (2).

Sans nous arrêter aux conséquences déplorables que produisit en Portugal l'*ultimatum* du gouvernement anglais (3), arrivons à la convention conclue entre les

(1) « Dans le cas où un dissentiment sérieux, ayant pris naissance au sujet ou dans les limites des territoires mentionnés à l'article 1er et placés sous le régime de la liberté commerciale, viendrait à s'élever entre des Puissances signataires du présent Acte ou des Puissances qui y adhèreraient par la suite, ces Puissances s'engagent, avant d'en appeler aux armes, à recourir à la médiation d'une ou de plusieurs Puissances amies. Pour le même cas, les mêmes Puissances se réservent le recours facultatif à la procédure de l'arbitrage. »

(2) Dépêche de lord Salisbury à M. Glynn Petre, 28 janvier 1890. L'*ultimatum* avait été remis le 11. *Arch. diplom.*, 1890, t. XXXV, p. 188.

(3) Le ministère Barros Gomès dut remettre sa démission et fut remplacé par le ministère Serpa Pimentel. Des scènes de violence eurent lieu à Lisbonne et à Oporto, et on put craindre un instant que le gouvernement ne fût obligé de capituler devant l'émeute. Lavisse, *op. cit.*, 1890, p. 210 et suiv.

deux puissances le 20 août 1890. Elle termine la première phase du conflit. La limite extrême des possessions portugaises sur la côte orientale d'Afrique est fixée à dix milles à l'Ouest de Zumbo (1), sur la côte occidentale, elle est formée par le haut Zambèze. Des chutes Victoria, cédées jadis à l'Allemagne, à Zumbo, le cours du Zambèze appartient à l'Angleterre, qui obtient en même temps au-delà de ce fleuve une immense région bornée à l'Est par le haut Zambèze, au Nord par l'Etat du Congo et les possessions allemandes, à l'Ouest par les lacs Nyassa et Chiroua. En résumé, la convention était tout à l'avantage de la Grande-Bretagne ; celle-ci avait atteint pleinement son but, tandis que le Portugal se voyait obligé de renoncer désormais à l'espoir de réunir ses possessions orientales et occidentales. On lui accordait seulement le droit d'établir sur les territoires attribués à l'Angleterre des chemins de fer et des lignes télégraphiques, pour permettre aux colonies d'Angola et du Mozambique de correspondre entre elles. Mentionnons deux clauses assez importantes : le Zambèze et le Chiré seront ouverts au commerce international ; les deux gouvernements s'engagent à recourir à l'arbi-

(1) La ligne frontière suit le Rovouma jusqu'à son confluent avec le M'singé, le lac Nyassa, le lac Chiroua, le Rouo jusqu'à son confluent avec le Chiré, puis une ligne droite atteignant le Zambèze entre Teté et les cataractes Karoa-Bassa. Le Zambèze sert ensuite de ligne de démarcation jusqu'à 10 mille à l'Ouest de Zumbo, puis la frontière se dirige vers le Sud, longe le 31° de longitude jusqu'à sa rencontre avec le 18° de latitude, court le long de ce parallèle vers l'Ouest, descend la rivière Sabi qu'elle quitte à son confluent avec le Lundé. De ce point, une ligne droite va rencontrer l'extrémité Nord-Est du Transwaal, longe cet Etat et le Swaziland, suit le Mapouto et se dirige vers la mer par le parallèle traversant le confluent de cette rivière avec le Pungolo. Lavisse, *op. cit.*, 1890, p. 441.

trage pour la solution de tous les points litigieux auxquels le traité peut donner lieu.

La convention du 20 août ne fut pas ratifiée par les Cortès ; lorsque le ministre des affaires étrangères monta à la tribune pour en donner lecture à la Chambre, il souleva partout les plus vives protestations. D'ailleurs, les délais de ratification n'étaient pas encore expirés que la *British South African Company*, à laquelle le gouvernement anglais a concédé le privilège de coloniser tous les territoires situés au Nord du Transwaal et du Bechouanaland, foulait aux pieds les clauses de la convention (1), jugeant sans doute encore insuffisants les immenses avantages qu'elles lui reconnaissaient. Ses prétentions sur des territoires placés dans la sphère d'influence portugaise rallumèrent la querelle et remirent en question la limite des possessions respectives des deux puissances. Nous entrons dans la deuxième phase du conflit. Après avoir signé, le 14 novembre 1890, un *modus vivendi* destiné à prévenir de nouveaux empiètements et à maintenir le *statu quo* jusqu'à la conclusion d'un nouveau traité (2), l'Angleterre et le Portugal reprirent leurs négociations diplomatiques. Elles devaient être entravées, à chaque instant, par les démêlés de la Compagnie anglaise Sud-africaine avec

(1) Nous faisons allusion à l'incident de Manica. Le territoire de Manica avait été cédé depuis longtemps au Portugal par le roi Moutassa, ce qui n'empêcha pas les agents de la Compagnie anglaise d'y pénétrer à main armée, d'arracher le drapeau portugais et de s'emparer des représentants de la Compagnie du Mozambique (sept. 1890). Lorsque plus tard la *British South African Company* eut connaissance de la convention du 20 août qui plaçait le royaume de Moutassa dans la sphère d'influence portugaise, elle n'en persista pas moins dans son occupation.

(2) Lavisse, *op. cit.*, 1890, p. 222.

la Compagnie du Mozambique. Enfin les 14 et 28 mai 1891, lesdeux gouvernements arrêtaient les bases de la nouvelle convention qui fut presque immédiatement ratifiée par les Cortès et le Parlement britannique. Elle reproduit à peu près intégralement les dispositions du traité du 20 août et la ligne frontière reste la même, sauf deux modifications importantes : au Sud du Zambèze, le Portugal perd le Manicaland ; en revanche, l'Angleterre lui concède dans le Nyassaland un territoire d'une cinquantaine de mille kilomètres carrés (1).

Cette entente sera-t-elle de longue durée ? M. Cecil Rhodes, le directeur de la *British South African Company*, est en même temps premier ministre du Cap, et l'Angleterre, d'après certains indices, peut craindre que sa colonie de l'Afrique australe ne saisisse la première occasion venue pour se constituer en Etat autonome et indépendant de la métropole, à l'exemple des anciennes colonies anglaises de l'Amérique. Aussi a-t-elle tout intérêt à ménager l'ambition démesurée de M. Cecil Rhodes qui convoite, au profit de sa Compagnie, tout le domaine du Portugal sur le Zambèze. C'est même ce qui explique l'attitude hautaine de lord Salisbury durant les diverses phases du conflit que nous venons d'examiner. Si le cabinet de Saint-James n'a gardé aucun ménagement vis-à-vis du Portugal, s'il a continuellement abusé de sa force, s'il s'est laissé entraîner à des mesures indignes d'une grande nation, semblant même approuver les excès commis par les agents de la Compagnie britannique, c'est que, dans tout ceci, lord Salisbury en a peut-être été réduit à jouer le rôle d'agent exécutif du premier ministre du Cap.

(1) V. le résumé de la convention dans le *Temps*, 2 juin 1891.

CHAPITRE VI

ÉTENDUE DE L'OCCUPATION. — DOCTRINE DE L'« HINTERLAND ». — PARTAGE POLITIQUE DE L'AFRIQUE EN 1890.

L'occupation, en tant qu'elle a pour effet de donner à l'occupant un titre parfait et définitif d'acquisition et de lui assurer un droit de propriété internationale, avec tous les attributs qu'il comporte, s'étend aussi loin que la possession réelle et prend fin avec elle. *Quantum possessum tantum acquisitum* (1) ; et par là il ne faut pas entendre seulement les points du territoire, où on a élevé des fortins, envoyé des troupes, fondé des établissements, en sorte qu'une région ne serait censée acquise que si elle était enserrée dans une chaîne ininterrompue d'établissements (2), mais toute l'étendue de pays soumise à l'action directe et efficace de l'occupant, c'est-à-dire toute l'étendue de pays dans laquelle il sera assez fort pour faire respecter l'ordre et les droits acquis.

Cette règle, conséquence nécessaire du principe étudié dans le chapitre précédent, ne comporte pas de difficulté.

Mais l'occupant ne pouvant asseoir son autorité que d'une manière progressive, il est légitime, nous

(1) Ortolan, *Dom. int.*, p. 47. — Carnazza-Amari, t. II, p. 21. — F. de Martens, t. Ier, p. 464.

(2) Bynkershœck avait déjà raillé cette interprétation restrictive du principe de l'*effectivité* : « *Neque enim desidero ut tunc demum videatur quis possidere, si res mobiles, ad instar testudinum dorso ferat suo, vel rebus immobilibus incubat corpore ut gallinæ solent incubare ovis.* » *Op. cit.*, t. II, *De dominio maris*, ch. Ier, p. 360.

l'avons déjà fait remarquer, de ne pas limiter les effets de l'occupation aux quelques lieues carrées sur lesquelles la souveraineté s'exerce effectivement au début de la prise de possession. A côté de la zône soumise d'ores et déjà à un droit de propriété, il y aura donc une autre zône soumise seulement à un droit de préférence. Quelle sera l'étendue de cette zône réservée, et comment les autres puissances seront-elles à même de la connaître ?

En parcourant les écrits des publicistes modernes (1), nous trouvons généralement admise la solution suivante : lorsqu'une puissance plante son drapeau sur un point quelconque d'un *territorium nullius*, elle acquiert, par là, le droit d'occuper toute l'étendue de terrain qui par sa situation géographique forme avec le point originaire une *universitas*, un ensemble naturel. Ainsi, la prise de possession d'un port entraîne prise de posssession du territoire dépendant de ce port, l'occupation de l'embouchure d'un fleuve s'étend à tout le bassin du fleuve, celle d'une partie quelconque d'une île déserte, à l'île entière. Mais cette règle, ajoutent les auteurs, n'a rien d'absolu ; il faut la combiner avec cet autre principe d'après lequel l'occupation fictive doit être suivie, dans un délai raisonnable, d'une occupation effective. Telle est notamment la théorie de Blüntschli. Dans son article 282, il admet que la prise de possession du rivage de la mer comprend toute la partie de la terre ferme reliée à la côte par sa situation et les fleuves qui la traversent. Mais il se hâte d'ajouter :

(1) G.-F. de Martens, *Précis du Droit des gens*, t. Ier, p. 127. — Dudley-Field., *Projet de code intern.*, art. 38. — Pasquale Fiore, *Nouv. dr. intern.*, § 857 et suiv. — Sir Travers Twiss., *Le Droit des gens*, t .Ier, § 123 et suiv.

« Si des fleuves immenses, comme le Mississipi par exemple, traversent un continent entier, celui qui en possède l'embouchure ne peut naturellement pas s'adjuger tout le bassin du fleuve ». « La prise de possession d'une région côtière, écrit de son côté Engelhardt (1), entraîne celle de l'intérieur du territoire qui en dépend par son régime orographique ou hydrographique. La plupart des colonies ont commencé ainsi. *Cette règle toutefois n'a qu'une valeur relative.* »

En résumé, pour déterminer les limites de la zône réservée, il faudrait tenir compte : 1° des frontières naturelles du *territorium nullius ;* 2° de la puissance et des ressources de l'occupant en matière de colonisation, pour savoir ce qu'il pourra dans la suite organiser politiquement. Excellent, au point de vue théorique, le principe nous semble malheureusement d'une application pratique assez difficile, en ce qui concerne le second point. Nous avons déjà indiqué précédemment quel serait peut-être le meilleur système (2) : exiger que l'occupant notifie dans tous les cas sa prise de possession et les *limites* du territoire compris dans cette prise de possession, et décider qu'en dehors de ces limites, il n'existe pour lui aucun droit de priorité. Sans doute, ce procédé n'aura pas la vertu magique de lever toutes les difficultés, mais nous persistons à le considérer comme le plus pratique, étant donné qu'il est impossible de déterminer mathématiquement le *maximum* de l'expansion des Etats.

D'ailleurs en cette matière, comme en toute autre, les puissances colonisatrices devaient interpréter à

(1) *Rev. de dr. int.*, t. XVIII, p. 439.
(2) V. *suprà*, chapitre IV, § II.

leur façon les règles posées par les jurisconsultes et donner libre cours à leur arbitraire (1). Ainsi, dans le cours de l'année 1868, l'Allemagne ayant manifesté l'intention de prendre pied sur la côte Sud-Ouest de l'Afrique, au Nord du fleuve Orange, afin de protéger ses nationaux établis en cet endroit, l'Angleterre déclara que cette région était une dépendance de sa colonie du Cap et qu'à elle seule appartenait le soin de veiller à la sécurité des sujets allemands. Peu après, elle s'établissait en effet à Walfisch-Bay, point de la côte à égale distance du cap Frio et du fleuve Orange ; mais bientôt, impuissante à protéger le commerce dans ces parages et à y assurer une juridiction politique et douanière, elle décline toute responsabilité et rembourse les taxes perçues. En 1881, le gouvernement du Cap refuse de venir en aide à la Société des missions rhénanes de Barmen, dont les établissements sont compromis par des guerres perpétuelles avec les indigènes. C'est alors que le prince de Bismarck résolut d'agir. M. Lüderitz, négociant de Brême, venait d'acheter aux indigènes la baie d'Angra Pequena et de vastes territoires dans le pays des Namas et des Damaras, entre le 22° et le 28° de latittude ; il implorait avec instance aide et protection. Le Chancelier avisa le gouvernement anglais que le Damaraland et le Namaland seraient désormais placés sous le protectorat de l'Empire (1884) (2). Voici en substance la

(1) La question de l'étendue de territoire devant être attribuée à un premier établissement a été longuement débattue, au commencement du siècle, entre les commissaires des Etats-Unis et les commissaires espagnols au sujet de la frontière de la Louisiane. V. Sir Travers Twiss, *op. cit.*, t. Ier, § 124.

(2) Jooris, La question d'Angra Pequena, *Rev. de Dr. Int.*, t. XVIII, page 336 et suiv. — F. de Martens, La Conférence du Congo à Berlin et la politique coloniale des Etats modernes. *Rev. de Dr. Int.*, t. XVIII, p. 112 et suiv. — Banning, *op. cit.*, p. 60 et suiv.

réponse du cabinet de Londres à cette communication : l'Angleterre n'a implanté sa souveraineté qu'à Walfisch-Bay ; néanmoins elle considère tout établissement de la part d'une autre puissance sur le littoral jusqu'au cap Frio comme une atteinte à ses droits. Etrange prétention ! Le territoire revendiqué par la Grande-Bretagne, s'il a pu à un moment donné être compris dans sa zône d'action, ou pour parler le langage diplomatique, dans sa *sphère d'influence*, n'était-il pas redevenu *territorium nullius ?* En reconnaissant son impuissance à le coloniser, en se confinant ensuite dans une inaction complète, n'a-t-elle pas limité elle-même l'étendue de son occupation et, dédaignant des territoires plus éloignés, renoncé à son droit de préférence? Vouloir exclure *indéfiniment* les autres puissances d'un pays sur lequel l'Etat colonisateur ne s'est jamais lui-même réellement établi, sous le seul prétexte qu'il avoisine une de ses colonies, c'est reconnaître en définitive à l'occupation nominale le pouvoir d'engendrer un véritable droit de propriété et, par suite, détourner entièrement l'expression de zône réservée de son acception juridique. La théorie émise par l'Angleterre était donc contraire au droit des gens ; elle tendait, fit observer avec assez d'esprit le prince de Bismarck, « à appliquer à l'Afrique la doctrine de Monroë au profit des Anglais. » Il fallut l'attitude énergique de l'Allemagne, l'envoi de navires de guerre sur la côte Sud-Ouest, pour décider le gouvernement britannique à reconnaître les droits de l'Empire sur tout le littoral, du fleuve Orange au cap Frio, à l'exception de Walfisch-Bay.

Mais ce qui montre jusqu'à l'évidence combien la pratique internationale à su dénaturer une règle d'équité pour la faire servir à légitimer les revendications les plus exorbitantes, c'est assurément l'œuvre accomplie récemment par les chancelleries européennes. Espérant mettre fin à des contestations sans cesse renaissantes, les puissances coloniales ont résolu de répartir entre elles la presque totalité des territoires du continent africain. Dans ce but, on a vu se succéder, à de courts intervalles, le traité anglo-allemand du 1er juillet 1890 et les traités anglo-français et anglo-portugais, signés les 5 et 20 août de la même année. L'accord entre la Grande-Bretagne et l'Italie fut plus long à se produire ; la délimitation de leurs sphères d'influence sur la côte orientale d'Afrique a été arrêtée seulement le 15 avril 1891 (1).

A ce partage, par lequel les puissances s'attribuaient réciproquement des contrées vastes comme plusieurs empires européens, il fallait trouver au moins un semblant de base juridique. La diplomatie allemande proclama la première la théorie de l'*Hinterland*, en vertu de laquelle chaque Etat considère comme entré dans le rayon de son action *l'arrière pays*, c'est-à-dire les pays voisins de ses possessions directes. Mais par quels points et dans quelles directions seront tirées les lignes qui détermineront la largeur de l'*Hinterland?* A quelle distance de la côte faudra-t-il le borner? D'après les conventions conclues, on peut induire que la puissance établie sur le littoral a droit à toute la profondeur du continent jusqu'au point de rencontre avec la puissance, qui a créé une colonie semblable sur le rivage opposé. Cet espace forme pour chacune d'elle sa sphère d'influence et sera fermé aux puissances tierces. En application de cette théorie, l'Alle-

(1) Et encore n'a-t-on pas tranché la question de savoir à qui reviendrait le territoire de Kassala, point qui avait toujours retardé l'accord entre les deux gouvernements. V. les Protocoles de délimitation, *Archives diplomatiques* 1891, t. XXXVIII, p. 259 et 260.

magne s'adjuge par le traité du 1er juillet l'immense territoire qui met sa colonie de la côte Est en contact avec l'Etat du Congo (1), et l'Angleterre, renonçant aux territoires qu'elle convoitait le long du lac Tanganyka, obtient en revanche l'Ouganda, *Hinterland* de ses possessions orientales.

Ce fut le premier acte du partage de l'Afrique. La France ne pouvait y assister d'un œil indifférent et s'abstenir de réclamer, à son profit, l'application de la nouvelle doctrine. Elle était d'autant plus à l'aise pour parler haut et ferme, que la convention anglo-allemande violait directement les engagements pris jadis vis-à-vis d'elle par la Grande-Bretagne. Il avait été convenu dans le traité du 1er juillet que l'Angleterre, en retour de la cession de l'île d'Héligoland à l'Allemagne, obtiendrait le droit d'étendre son protectorat sur le Sultanat de Zanzibar. Mais que devenait alors la déclaration signée le 10 mars 1862 par la France et l'Angleterre, déclaration dans laquelle les deux gouvernements s'engageaient à ne pas attenter à l'indépendance du Sultan ? L'Allemagne, en 1886, avait adhéré à cette déclaration ; aujourd'hui elle entendait délier l'Angleterre de son engagement, mais pour que cette dernière reprit sa liberté complète d'ac-

(1) Cette région est bornée au Sud par le Rovouma et une ligne tirée de la pointe Nord du lac Nyassa à l'angle Sud du lac Tanganyka, à l'Ouest par le lac Tanganyka et la frontière de l'Etat du Congo, au Nord par une ligne tirée de la pointe Sud du lac Albert-Edouard à Kavirondo sur le lac Victoria. Le lac se trouve ainsi partagé entre les deux puissances. A partir de Kavirondo on conserve les limites fixées par le traité du 1er novembre 1886. L'Allemagne retire en outre, en faveur de la Grande-Bretagne, son protectorat sur Witu. Pour les autres clauses du traité v. Lavisse, *La vie politique à l'étranger*, 1890, p. 427 et 453.

tion, le consentement de la France était également nécessaire.

La convention du 5 août (1) vint régler ce point et stipuler, en échange de la reconnaissance du protectorat anglais sur Zanzibar, la reconnaissance par le gouvernement britannique de notre protectorat sur Madagascar. De plus, elle délimite l'*Hinterland* des possessions françaises dans l'Afrique occidentale. Si l'on observe que l'Algérie et la Tunisie d'une part, le Sénégal de l'autre, et enfin nos colonies de la côte d'Ivoire et du golfe de Bénin forment les trois points d'un triangle, la France devait pouvoir d'après le principe allemand les relier entre eux et réclamer tout le pays intérieur. Il comprend une grande partie du Sahara, c'est-à-dire un désert de sable, et la partie du Soudan, au Nord du lac Tchad, bien inférieure à la partie située au Sud et à l'Est du lac ; aussi l'Angleterre nous l'abandonna-t-elle facilement (2).

Nous ne reviendrons pas sur le traité conclu entre l'Angleterre et le Portugal. Du moment où ce dernier possédait une large bande de territoire sur la côte orientale et une autre sur la côte occidentale, la théorie de l'*Hinterland* lui permettait d'obtenir toute la zône qui les séparait. Mais, en ce qui le concerne, la nouvelle doctrine ne fut appliquée que d'une manière relativement restreinte.

Envisageant dans son ensemble le démembrement du continent noir, l'appréciant au point de vue de l'application des principes du droit international,

(1) Reproduite *in extenso* dans le *Temps*, 13 août 1890.

(2) La limite entre la sphère d'influence française et les territoires attribués à la *Royal Niger Company* est formée par une ligne partant de Say sur le moyen Niger et aboutissant à Barroua sur le lac Tchad, en suivant les frontières du Sokoto, réservé à la Compagnie anglaise.

il est impossible de ne pas reconnaître que les puissances contractantes se sont attribué, chacune, des contrées sur la plupart desquelles elles n'étaient à même de justifier d'aucun droit, pas même d'un droit de priorité pour l'occupation. L'*Hinterland*, tel qu'il semble avoir été défini par ces puissances, est-il en effet comparable à l'étendue de pays accordée par les publicistes à l'occupant sous certaines réserves, au début de sa prise de possession? Dans un calcul, assez approximatif d'ailleurs, M. Barré estime que la région comprise entre l'Algérie, le Sénégal, le Niger, le lac Tchad, et réservée à notre influence, représente quatre millions de kilomètres carrés (1). De son côté, M. Geffcken évalue à 934,000 kilomètres carrés les territoires que l'Allemagne s'est assurés par le traité du 1er juillet (2). Les agrandissements de l'Angleterre et du Portugal se sont effectués dans les mêmes proportions. Il est bien difficile, disions-nous tout à l'heure, de délimiter la zône d'action de l'occupant, vu l'impossibilité de savoir jusqu'où ses ressources lui permettront de s'établir d'une manière réelle. Mais, ici du moins, n'est-il pas permis d'affirmer hardiment que l'occupation dans toute l'étendue de ces immenses régions ne saurait jamais être effective? Lord Salisbury s'exprimait ainsi devant la Chambre des lords au sujet de la convention anglo-française : « Cet arrangement assure aux deux puissances leur domination sur des pays, qu'aucune d'elles n'a jamais explorés, et je crois que beaucoup d'années

(1) *La Géographie*, septembre 1890.

(2) Le traité anglo-allemand du 1er juillet 1890, *Revue de dr. int.*, t. XXII, p. 594. — L'Institut géographique de Weimar dans sa feuille mensuelle, les *Nouvelles africaines*, arrive pour le total des possessions allemandes en Afrique, au chiffre de 2,125,200 kil. carrés.

et *plusieurs générations* passeront, avant que l'influence anglaise ou française y ait pénétré » (1). Et néanmoins les autres puissances, la Russie, la Suède par exemple, ne pourront s'emparer de ces territoires, ils sont désormais soustraits à toute colonisation étrangère ! En proclamant la doctrine de l'*Hinterland*, l'Allemagne avait donc oublié les protestations assez récentes du prince de Bismarck dans le conflit d'Angra Pequena; et M. Barros Gomès n'avait pas tout à fait tort, lorsqu'il écrivait : « Cette expression de *sphère d'influence*, consacrée aujourd'hui dans les documents internationaux émanant de toutes les chancelleries et principalement de la chancellerie anglaise, est par elle-même la meilleure preuve du fait que l'occupation effective, si on entend par là l'établissement permanent d'une autorité, ne peut constituer la condition essentielle de la reconnaissance de la possession de la part des autres Etats » (2).

Si, de l'aveu même du chef du *Foreign Office*, il ne faut pas entendre par *Hinterland* les régions où l'Etat colonisateur possède un intérêt né et actuel, les régions déjà parcourues par ses missionnaires et explorateurs et où il a préparé son occupation, l'*Hinterland* ne s'arrête pas non plus à l'étendue de pays bornée par des frontières naturelles. On a pu voir certains Etats revendiquer des territoires, sous le seul prétexte qu'ils se trouvaient situés entre les mêmes degrés de longitude et de latitude que leurs colonies originaires. Faute de pouvoir établir d'autres lignes de démarcation à travers des pays inexplorés sur lesquels n'existe presque aucune donnée géographique,

(1) Lavisse, *La vie politique à l'étranger* 1890, p. 384.

(2) Dépêche du 29 nov. 1889, *Arch. diplom.*, 1889, t. XXXII, p. 312.

ils en ont été réduits à prendre comme frontières des parallèles et à tracer des lignes fictives.

Comment ne pas être tenté de comparer le partage actuel de l'Afrique entre la France, l'Angleterre, l'Allemagne, le Portugal et l'Italie, au partage du Nouveau-Monde qui intervint jadis entre l'Espagne et le Portugal? Des deux côtés, ne se trouve-t-on pas en présence de prétentions absolument arbitraires, sans aucun fondement juridique? La seule différence, peut-être, c'est qu'aujourd'hui on ne demande plus à la haute autorité du Saint-Siège de les consacrer.

Que l'on puisse railler les puissances d'avoir réparti entre elles, à l'amiable, des contrées qui ne leur appartenaient pas et qu'elles ne connaissaient guère, soit, mais il faut cependant reconnaître, objectent quelques écrivains, que ces conventions présentent une grande utilité.« Le partage du continent en *sphères d'influence* est d'autant plus opportun, qu'il ne saurait donner lieu à des discussions aussi irritantes en ce moment qu'il le ferait le jour où les pays, distribués aujourd'hui un peu au hasard, seraient l'objet de préoccupations plus pressantes. C'est déjà quelque chose que d'avoir fixé les grandes lignes et d'avoir assigné à chaque nation son domaine et son œuvre » (1). On évite désormais tout conflit sur le sol africain entre les principaux intéressés.

Le partage de 1890 offrira-t-il au moins cet avantage? C'est douteux. Il a été, ne l'oublions pas, le résultat d'une série de conventions particulières, et non l'œuvre d'un Congrès réunissant, à défaut de tous les Etats, les cinq grandes puissances colonisatrices, en sorte que chacune d'elles prétendra peut-

(1) Lavisse, *op. cit.*, p. 378.

être un jour que la convention passée par sa rivale est à son égard *res inter alios acta*, et qu'elle ne se considère pas comme obligée. Ainsi la *Gazette de Cologne* publiait, il y a quelque temps, l'article (1) d'un explorateur allemand, M. Gerhard Rohlfs, où l'auteur invite ses compatriotes à s'établir dans les contrées avoisinant le lac Tchad. L'Allemagne, dit-il, n'a pas été appelée à reconnaître la convention anglo-française, par conséquent le champ reste libre pour les Allemands, tant qu'une occupation effective n'aura pas eu lieu.

Les pays en question étant certainement situés en dehors de la zône réservée que l'on peut raisonnablement attribuer à la France ou à l'Angleterre, d'après les principes mêmes du droit des gens, la colonisation de ces territoires ne saurait, en effet, être interdite aux autres Etats que s'ils ont pris formellement l'engagement de ne pas y pénétrer. Aussi l'argument de M. Rohlfs, invoqué par la Russie, la Suède ou toute autre puissance n'ayant pas conclu de convention analogue à la convention anglo-française, serait, croyons-nous, absolument inattaquable. Mais à l'Allemagne la France ne serait-elle pas en situation de répondre : qui donc a posé, la première, le principe dont vous me refusez aujourd'hui l'application ? Mes droits sur les bords du lac Tchad ne valent pas plus, mais tout autant que vos droits sur les régions baignées par le lac Victoria ou le lac Tanganyka. Quoi qu'il en soit, l'article de la *Gazette de Cologne* nous apparaît comme l'indice de conflits futurs.

De plus, bien des limites ont été tracées hypothéti-

(1) *Le lac Tchad et son importance commerciale pour l'Allemagne*, 8 février 1891.

quement, bien des parcelles flottent, en quelque sorte, sur un horizon mal défini. Le jour où il faudra, en admettant que cette extension cesse jamais d'être purement théorique, procéder à une délimitation plus nette des sphères d'influence, ne verrons-nous pas surgir de nouvelles prétentions, germes de nouveaux conflits? L'accord entre les puissances est-il un accord sincère et durable? Ne se sont-elles, au contraire, partagé des territoires qu'avec l'arrière-pensée de se les reprendre? L'avenir nous le dira.

Enfin, — et, à nos yeux, ce n'est pas la moindre objection que l'on puisse élever contre le partage de l'Afrique, — dans la part de chacun, à côté de territoires vacants, il existe un grand nombre de pays appartenant à des peuples organisés en Etats. Que deviendront, dans toutes ces répartitions, les droits des souverainetés indigènes? En signalant la nouvelle pratique des puissances civilisées, qui consiste à ne s'emparer du domaine des rois africains qu'après une cession consentie par eux, nous avons émis des doutes sur la sincérité et la valeur de semblables cessions, arrachées bien souvent par force ou par surprise (1). Les dernières conventions conclues entre les Etats européens sont peu faites pour modifier notre opinion à cet égard. Elles reposent toutes en effet sur une politique de compensation, de concessions réciproques; l'Angleterre, par exemple, n'a fait à l'Allemagne le gros sacrifice de renoncer à toute acquisition le long du lac Tanganyka, que dans la certitude d'obtenir le royaume de l'Ouganda. Mais si le souverain de ce pays refuse soit de céder son territoire, soit de se laisser protéger? D'après les explorateurs alle-

(1) V. *suprà*, chap. III, sect. Ie. § II.

mands (1), il aurait déclaré s'opposer avec énergie à l'établissement du protectorat anglais et préférer le protectorat de l'Allemagne. D'après une autre version, émanant de missionnaires français et moins intéressée, — car les Allemands ont toujours prétendu que l'Ouganda était acquis à l'influence de leur gouvernement, — le roi aurait manifesté, de façon bien nette, sa volonté de n'être protégé par personne. C'est peut-être la version la plus vraisemblable. En sorte que, devant un pareil refus, l'Angleterre se trouverait avoir tout perdu et rien gagné au traité du 1er juillet. Ne cherchera-t-elle pas à briser, coûte que coûte, cette résistance? Il eût été assez rationnel, avant de disposer ainsi de la propriété d'autrui, de s'assurer le consentement des intéressés.

(1) Discours prononcé à Munich par le Dr Peters, *La Géographie*, 11 sept. 1890.

CHAPITRE VII

DU ROLE JOUÉ PAR LES COMPAGNIES EN MATIÈRE D'OCCUPATION.

La souveraineté est l'attribut exclusif des Etats ; l'occupation du droit des gens, ayant pour objet l'acquisition de la propriélé internationale, l'une des faces du droit de souveraineté, ne peut donc avoir d'autres sujets que les Etats. Peu importe, d'ailleurs, que ceux-ci prennent directement possession d'une contrée sans maître, ou qu'ils confient ce soin à un mandataire. Dans le second cas comme dans le premier, on se trouvera, dès l'instant même de la prise de possession, en présence d'une occupation du droit des gens ; d'après la règle : *qui mandat, ipse fecisse videtur*, c'est l'Etat lui-même qui est censé occuper (1).

Une puissance, par exemple, donne à un officier de sa marine l'ordre de planter le drapeau national sur tel ou tel territoire, d'y débarquer des troupes, de s'y fortifier. Plus tard, elle complète ce commencement d'organisation, en pourvoyant elle-même aux divers services publics, en nommant les agents chargés d'administrer la nouvelle colonie, d'y rendre la justice etc... Il s'agit ici d'une prise de possession directe par l'Etat. C'est le système suivi jusqu'à présent par la France ; il correspond à ce que le droit anglais appelle les *crown colonies*, c'est-à-dire les colonies relevant immédiatement de la couronne. Au contraire, dans le

(1) Heffter, p. 142. — Blüntschli, art. 279. — Calvo, t. I, § 277.

système des *charters colonies* (1), système fort en honneur aux temps passés, le gouvernement n'intervient pas lui-même par ses représentants officiels. Il se borne à délivrer à une Société un titre régulier lui conférant le pouvoir de prendre possession en son nom d'un *territorium nullius*, et d'y exercer en son lieu et place les droits de souveraineté. Le territoire acquis n'en fera pas moins partie de son domaine international, mais à la Compagnie incombera la mission de l'organiser ; la métropole se réservant simplement un droit de surveillance plus ou moins étendu suivant les cas. Tel est le type de l'occupation par mandataire.

Il arrive parfois qu'une prise de possession, offrant à son origine le caractère d'une occupation privée, se transforme dans la suite en une occupation du droit des gens. Nous voyons ce résultat se produire dans les deux hypothèses suivantes :

1° De simples particuliers, individus ou Sociétés, s'établissent dans une contrée sans maître, et, bien qu'ils n'aient reçu à cet effet aucun mandat de leur patrie, déclarent en prendre possession en son nom. L'Etat au profit, mais à l'insu duquel ils agissent, deviendra-t-il le sujet de cette occupation ? *Ignoranti non acquiritur possessio.* On peut bien acquérir *animo suo* et *corpore alieno*, même lorsque l'*animus rem sibi habendi* n'existe pas d'une manière précise et spéciale au moment de la prise de possession, et qu'il a été manifesté à l'avance comme dans l'hypothèse du mandat ; mais on ne peut pas acquérir *animo alieno*, l'*animus* doit toujours être personnel.

(1) Sur la division des colonies anglaises en *crown colonies*, *charters colonies et proprietary colonies*, v. F. de Martens, La Conférence du Congo à Berlin et la politique coloniale des Etats modernes, *Rev. de dr. inter.*, t. XVIII, p. 133 et suiv.

Or ici il fait complètement défaut, car il est impossible de supposer un mandat tacite. « Un pouvoir tacite qui serait donné à tous les sujets d'un Etat, fait observer Heffter, est inadmissible, il n'y a que l'esclave qui puisse acquérir de plein droit pour son maître » ; mais il ajoute plus loin : l'Etat peut « par une ratification subséquente valider l'occupation effectuée par un *negotiorum gestor*... » (1). Notre hypothèse est précisément celle prévue par Heffter, les premiers occupants ont agi en qualité de gérants d'affaires. Si l'Etat ratifie leur acte de gestion, il prend l'occupation pour son compte et il devra être considéré comme ayant été le sujet de cette occupation, dès l'instant de la prise de possession ; car il faut reconnaître à la ratification un effet rétroactif.

2° Supposons maintenant une prise de possession accomplie par des particuliers en leur nom propre, ou, ce qui revient au même, au nom de leur patrie mais sans mandat de sa part, et celle-ci refuse sa ratification. Ils n'ont pu acquérir la propriété du sol qu'à titre privé et leur occupation n'est pas opposable aux autres Etats. Cependant, avec le temps, la colonie primitive a changé de caractère ; de simple association privée qu'elle était au début, elle est arrivée peu à peu à se transformer en une communauté politique, ayant ses lois propres, un gouvernement régulièrement établi, capable de maintenir l'ordre à l'intérieur et de nouer au dehors des relations internationales. Nous assistons alors à la formation d'un nouvel Etat, et avec lui apparaîtra sur le territoire, théâtre de cette évolution, un nouveau droit, droit de souveraineté territoriale, qui s'imposera au respect de toutes les puissances. Bien que ces créations d'Etats deviennent de jour en

(1) p. 142.

jour plus rares, l'Afrique nous en a offert cependant deux exemples remarquables durant le cours de ce siècle : nous voulons parler de la République de Libéria et de l'Etat indépendant du Congo.

La République de Libéria doit son origine à la *Société de colonisation américaine pour l'établissement d'hommes de couleur libres des Etats-Unis*. Fondée à Washington, en 1816, par une réunion de philantropes, cette Société avait un caractère essentiellement privé et agissait sans mandat du gouvernement américain. Son but était, en effet, de seconder l'affranchissement des esclaves; or, à cette époque, les Etats à esclaves avaient la prépondérance politique dans l'Union. Après quelques débuts assez difficiles, la Société parvint à s'établir sur la côte du Poivre et jeta les premiers fondements de la ville de Monrovia, devenue plus tard la capitale de la nouvelle République. Depuis lors, la colonie s'accrut rapidement et multiplia le nombre de ses établissements ; en 1839, elle était devenue assez nombreuse et assez puissante pour pouvoir aspirer aux privilèges du *self government*. Elle saisit l'occasion de démêlés avec le gouvernement anglais, qui lui contestait le droit d'établir des taxes sur les marchandises importées dans son territoire par des sujets britanniques, pour se proclamer, avec l'assentiment de la Société de Washington, Etat indépendant. Elle prit d'abord le titre de « Commune de Libéria », et plus tard, en 1847, celui de « République de Libéria » (1).

L'Etat du Congo dépasse de beaucoup par son im-

(1) Calvo, t. I, § 278. L'indépendance de la République de Libéria fut immédiatement reconnue par l'Angleterre, puis par les principaux Etats de l'Europe et enfin, en 1861, par les Etats-Unis.

portance et son étendue la République de Libéria. Comme elle, il est né cependant de l'initiative privée. Au mois de septembre 1876, se formait à Bruxelles, sous le patronage *particulier* du roi des Belges, l'*Association internationale du Congo* qui se proposait pour but : l'exploration scientifique des régions inconnues de l'Afrique centrale, afin d'y répandre la civilisation et le commerce européens et d'abolir la traite des nègres. « L'organisation de la Société était très élémentaire ; l'administration centrale siégeait à Bruxelles, et des comités locaux étaient établis dans différents Etats de l'Europe pour recueillir les fonds nécessaires. Il y en avait dans les principales capitales ; mais le premier rang appartient sans conteste à celui de Bruxelles qui prit le nom de : *Comité d'études du haut Congo* » (1).

Stanley fut enrôlé au service de l'Association. Grâce aux subsides fournis par la munificence du roi Léopold II, le comité organisa une expédition considérable, au cours de laquelle le célèbre explorateur parcourut tout le bassin du Congo, en y créant une série de postes et de stations, destinées d'abord à servir d'abri et de refuge aux commerçants et aux missions scientifiques qui s'aventureraient au cœur du continent noir. Ces stations devaient devenir plus tard autant de centres d'administration (2). En même temps, Stanley concluait des arrangements avec un grand nombre de chefs indigènes pour la cession de leurs territoires. Des controverses se sont élevées au sujet de la nature des droits acquis à l'Association internationale du Congo par ces conventions. A notre sens, la question ne saurait être douteuse ; à l'époque

(1) F. de Martens, La Conf. du Congo, etc. *loc. cit.*, p. 141.
(2) Stanley, *Der Kongo und die Gründung des Kongo-Staates.*

où elles furent conclues, le cessionnaire n'était encore qu'une simple Société privée, sans qualité pour exercer des droits de souveraineté ; il ne pouvait donc s'agir d'une transmission de la propriété du sol à titre public, mais seulement à titre privé (1).

La formation de l'Etat du Congo date de la Conférence de Berlin, et l'on a pu dire avec raison qu'il y avait une étroite dépendance entre l'œuvre de la Conférence et la constitution du nouvel Etat. Le but poursuivi par les puissances était, nous l'avons vu, d'ouvrir le bassin du Congo à la liberté pleine et entière du commerce, de le doter d'une législation destinée à en faire le domaine économique commun de toutes les nations civilisées. Mais il fallait établir un pouvoir souverain chargé de faire appliquer cette législation. N'était-il pas tout naturel de le confier à l'Association internationale du Congo qui réclamait, en ce moment même, son admission au nombre des Etats? En faisant d'elle l'un des principaux gardiens de l'œuvre de la Conférence, ne lui donnait-on pas la juste récompense des efforts et des sacrifices qu'elle avait accomplis pour introduire la civilisation au centre de l'Afrique? Enfin les territoires acquis par l'Association, devenant le domaine d'un nouvel Etat reconnu par toutes les puissances, les conflits et les compétitions auxquels avait déjà donné lieu cette partie du continent africain tombaient d'eux-mêmes (2).

Sept jours avant l'ouverture de la Conférence de Berlin, l'Empire d'Allemagne signait avec l'Association internationale du Congo la convention suivante :

(1) Le système contraire a cependant été soutenu par Sir Travers Twiss : La libre navigation du Congo, *Rev. de Dr. int.*, t. XV, et de Laveleye : La neutralité du Congo, *ibid.*, p. 254 et s.

(2) Banning, *Le partage politique de l'Afrique*, p. 90.

l'Association s'engage à ne prélever aucun droit sur les marchandises importées dans ses possessions présentes et futures par les sujets allemands, et à leur accorder le droit de séjourner et de commercer sur son territoire (art. 1, 2 et suiv.). De son côté, « l'Empire d'Allemagne reconnaît le pavillon de l'Association — drapeau bleu avec étoile d'or au centre, — comme celui d'un *Etat ami.* » (Art. 5) (1).

Cette convention marque le point de départ de toute une série d'actes analogues qui se succédèrent du mois de décembre 1884 au mois de février 1885. Pendant le cours des délibérations de la Conférence, l'Association entama avec chacun des gouvernements, représentés à Berlin, des négociations qui aboutirent à la reconnaissance de son pavillon et à la consécration de ses droits politiques et territoriaux (2). Enfin le jour même où les Etats procédaient à la signature de l'*Acte général*, l'Association, se basant sur l'article 37 : « Les *Puissances* qui n'auront pas signé le présent Acte général pourront adhérer à ses dispositions par un acte séparé...» adressait au prince de Bismarck son adhésion; et, le 1er août 1885, le roi des Belges notifiait aux diverses puissances : qu'autorisé par les Chambres législatives belges à devenir le chef du nouvel Etat, il avait pris, d'accord avec l'Association, le titre de Souverain de l'Etat indépendant du Congo (3).

Presque toujours les premiers établissements, qui ont servi de base à la formation de nouveaux Etats, ont été créés non par des individus agissant isolé-

(1) *Livre jaune*, Annexe I au Protocole IX, p. 240.
(2) *Livre jaune. loc. cit.*, p. 242 et suiv.
(3) Banning, *op. cit.*, p. 128.

ment, mais par des Sociétés formées soit dans un but philantropique ou scientifique, soit dans un but commercial. Il en est de même dans les deux hypothèses qu'il nous reste à examiner; celle de l'occupation effectuée par un mandataire (1), et celle de l'occupation effectuée par un gérant d'affaires. Mandataire et gérant d'affaires seront représentés par des Compagnies de commerce qui prennent, dans le premier cas, le nom de : *Compagnies privilégiées.* Avant de nous prononcer sur la valeur de ce procédé de colonisation, il est nécessaire de retracer brièvement l'origine des Compagnies privilégiées et leur mode de fonctionnement aux temps passés et à l'heure actuelle.

§ Ier. — *Des anciennes Compagnies de colonisation.*

L'histoire de la colonisation par l'intermédiaire de Compagnies remonte au XVIe siècle. Stengel (2) divise en deux classes les Compagnies qui se formèrent après la découverte du Nouveau-Monde et de la route maritime vers les Indes. L'une comprend les *Compagnies commerciales* qui avaient uniquement pour objet le commerce entre l'Europe d'une part, l'Asie et l'Amérique de l'autre. Elles se bornaient à créer des factoreries et des comptoirs généralement dépourvus de fortifications, simples escales échelonnées le long des côtes, où leurs navires venaient débarquer

(1) A moins de supposer que le mandat concerne seulement la première phase de l'occupation, c'est-à-dire la prise de possession fictive, la plantation du drapeau, l'Etat se réservant l'organisation ultérieure du territoire. On conçoit très bien, dans ce cas, que le rôle de mandataire puisse être rempli par des missionnaires ou des explorateurs.

(2) *Die deutschen Schutzgebiete* § 10 : die Colonialgesellchaften im Allgemeinen.

les produits européens et s'approvisionner de marchandises apportées de l'intérieur. L'autre classe, qu'on peut appeler *Compagnies de colonisation*, se proposait de mettre en valeur par le peuplement et l'exploitation les vastes territoires que la mère patrie leur concédait dans le Nouveau-Monde. C'étaient plutôt des Compagnies foncières que des Compagnies de négoce. Les privilèges concédés à ces deux sortes de Compagnies par les chartes, émanées de leur gouvernement, étaient forcément distincts. Les Compagnies de commerce obtenaient des privilèges exclusivement commerciaux : monopole du commerce et de la navigation avec les colonies ; aux Compagnies de colonisation revenaient les privilèges politiques. Etendant sans cesse leurs possessions, en butte aux attaques des indigènes dont elles ne respectaient pas la propriété, il fallait leur permettre de s'organiser militairement : d'où le droit d'entretenir des troupes, des flottes, de bâtir des forteresses, de faire la paix ou la guerre, de battre monnaie, de nommer à tous les emplois dans leurs possessions, etc.

Les Compagnies commerciales furent souvent contraintes par les circonstances à aller jusqu'à la conquête et à la colonisation et, peu à peu, les deux types se fondirent; les Compagnies s'adonnèrent parallèlement à la colonisation et au trafic. C'est ainsi que la Compagnie hollandaise des Indes Orientales, fondée en 1602 dans le but unique de faire le commerce, se transforma insensiblement en Compagnie de colonisation et finit par créer un immense empire dans l'archipel des Indes Orientales, pendant le cours des XVIIe et XVIIIe siècles (1).

(1) Sur l'organisation de cette Compagnie, v. Stengel, *op. cit.*, *loc. cit.*, p. 90 et 91.

La Compagnie britannique des Indes Orientales suivit la même marche. Incorporée en 1600 à la Compagnie des « *Merchants of London trading to the Indias* », elle reçut, le 31 décembre de la même année, une charte lui donnant simplement le monopole du commerce avec les Indes. Ce n'est que plus tard qu'elle obtint du gouvernement anglais les pouvoirs nécessaires pour organiser et administrer les domaines qu'elle s'était peu à peu annexés et qui devinrent l'origine de l'empire anglo-indien actuel (1).

A côté de ces puissantes Compagnies, parmi lesquelles il faut encore ranger les Compagnies françaises des Indes Orientales et des Indes Occidentales, nous rencontrons d'autres Compagnies de colonisation plus modestes, comme celles qui présidèrent à la fondation d'un grand nombre de colonies anglaises de l'Amérique du Nord. Le Massachusetts, la Virginie, les deux Carolines n'eurent pas d'autre origine. La charte délivrée à la Société du Massachusetts lui concède le droit de se gouverner elle-même, les affaires courantes de l'association seront administrées par un gouverneur aidé d'un lieutenant-gouverneur, nommés pour un an par les actionnaires ou *freemen* ; les lois civiles, les lois criminelles, les emprunts exigent un vote des cours générales, sessions semestrielles de l'assemblée des actionnaires (2).

(1) Stengel, *op. cit.*, *loc. cit.* p. 92 et suiv. — Avalle, *Notices sur les colonies anglaises*, p. 62 et suiv. La charte de la Compagnie fut successivement renouvelée par Cromwell (1658) et Charles II (1661). A partir de 1698, une nouvelle Compagnie vint s'adjoindre à la première et elles prirent désormais le nom de *Compagnie unie des Indes Orientales*.

(2) Nolte, *op. cit.*, t. Ier, p. 90. Parfois c'est un seul individu qui recevait par charte privilégiée la concession d'un territoire : la Pensylvanie fut donnée à Guillaume Penn, la Géorgie à Jacques Oghletorpe, le Maryland à lord Baltimore. Ces colonies prenaient le nom de *proprietary-colonies*.

Mais, c'est là un point important à noter, si étendus qu'aient jamais été les pouvoirs conférés par les chartes royales aux Compagnies de colonisation, celles-ci agirent toujours en qualité de mandataires du gouvernement de la métropole. Les droits de véritable souveraineté dont elles jouissaient, elles ne les exerçaient pas en vertu d'un droit propre, mais d'une délégation de l'Etat entre les mains duquel elles servaient, suivant l'expression de Leroy-Beaulieu, « d'outil d'envahissement et de première mise en valeur des contrées inorganisées. » Leur création offrait un double avantage : les gouvernements européens voyaient s'agrandir leur puissance par l'acquisition au-delà des mers de vastes domaines, et cela sans supporter les frais considérables qu'entraînent les premiers essais de colonisation. De leur côté, les Compagnies retiraient de gros bénéfices par suite des privilèges qui leur étaient accordés : monopole du commerce et concession de la propriété privée d'une partie du sol. L'appât de ces bénéfices leur permettait de réunir les capitaux nécessaires à leur entreprise. La charte n'était jamais délivrée que pour un temps limité, au bout duquel l'Etat se réservait le droit soit de renouveler son mandat, soit de reprendre lui-même l'administration des territoires acquis en son nom. Il conservait toujours, d'ailleurs, un droit de contrôle et de surveillance sur la Compagnie, et il la représentait de plein droit dans ses relations avec les gouvernements étrangers. Même au temps de sa plus grande puissance, la Compagnie anglaise des Indes Orientales dépendait entièrement du gouvernement britannique (1).

(1) Calvo, t.Ier, § 40. — Wheaton, *Elem*, ch. II, § 2. — Stengel, *op. cit.*, *loc. cit.* En 1784 fut rendu, sous le ministère Pitt, l'*East India bill* qui créait un gouverneur général, nommé par la couronne, et une cour supérieure de justice avec un personnel judiciaire également nommé par la couronne.

C'est la seule qui subsiste encore au commencement de notre siècle (1), les autres se sont peu à peu dissoutes pour faire place à l'administration directe de la métropole.

§ II. — *Des Compagnies modernes de colonisation.*

Aujourd'hui, après un siècle d'interruption, les puissances colonisatrices ont tenté de revenir au système des *charters colonies*, et, dans l'espace de ces cinq dernières années, nous avons vu se multiplier la création de grandes Compagnies dont la plupart se proposaient pour objectif la colonisation du continent africain. Citons parmi les Compagnies anglaises : la *Royal Niger Company* (10 juillet 1886), — sa sphère d'action embrasse le cours inférieur du Niger et les pays avoisinant le lac Tchad, — l'*Imperial East African Company* (3 sept. 1880) et la *Zambezia* ou *South African Company,* constituée par charte du 29 octobre 1889 (2) ; parmi les Compagnies allemandes : l'*Ostafrikanische Gesellschaft*, la *Kolonialgesellschaft für Südwestafrika* (15 avril 1885), et la *Witu-Gesellschaft* (30 février 1888) (3). La plus récente de toutes ces Sociétés est la *Compagnie portugaise du Mozambique* (4).

Entre ces Compagnies et celles qui fonctionnèrent

(1) Elle prit fin en 1858.

(2) Labordère, Les Compagnies anglaises, *Annales de l'Ecole libre des sciences politiques* 15 avril 1891.

(3) Pour l'historique de ces compagnies, v. Stengel *op. cit.*, § 14 et suiv.

(4) D'autres grandes Compagnies ont été constituées en dehors de l'Afrique : la *British North-Borneo Company*, la *Deutsche Neu-Guinea Gesellschaft, et la Jaluitgesellschaft* pour le groupe des îles Marshall.

aux XVIIe et XVIIIe siècles nous relevons d'abord une différence assez importante. Jadis la charte était concédée avant toute tentative de colonisation et elle avait pour but de mettre en mouvement l'initiative privée, en la poussant à accomplir une œuvre coloniale déterminée d'avance. A l'heure actuelle, au contraire, la prise de possession par les Sociétés du pays à exploiter précède le plus souvent la demande et l'obtention de la charte, en sorte que le privilège accordé nous apparait comme la consécration du fait accompli par l'initiative privée. Au point de vue juridique, la charte revêt une double signification. Elle contient : 1° une ratification de la prise de possession opérée antérieurement par des Compagnies qui agissaient uniquement en qualité de gérants d'affaires ; l'Etat déclare prendre l'acquisition à son compte et étendre sa souveraineté sur les territoires occupés par ses sujets ; 2° un mandat ; l'Etat délègue en même temps à la Compagnie l'exercice de ses droits de souveraineté sur son nouveau domaine, et, de simple Société privée, il la transforme en Compagnie privilégiée. La charte confère en outre à cette dernière le pouvoir d'étendre à l'avenir la souveraineté du mandant, soit en occupant les territoires voisins qui peuvent être considérés comme *res nullius*, soit en passant des traités avec les chefs indigènes.

En résumé, si les Compagnies modernes de colonisation sont bien comme autrefois un outil d'envahissement et de première mise en valeur des contrées inorganisées, la première période, celle de l'envahissement, s'effectue dans la plupart des cas sans mandat de la métropole, mais en son nom. Le but de cette politique est facile à saisir : quand l'œuvre de prise de possession est suffisamment avancée pour qu'on puisse se rendre compte dès à présent de la valeur des territoires acquis, tant au point de vue politique qu'au point de vue économique, l'Etat se prononce alors en connaissance de cause. L'opération lui semble-t-elle avantageuse, il la ratifie et se l'approprie ; dans le cas contraire, il lui suffit pour dégager sa responsabilité de désavouer les actes passés par la Compagnie en son nom, et celle-ci conserve le caractère d'une entreprise privée.

Un pareil système devait séduire le prince de Bismarck qui montra toujours peu d'enthousiasme pour les expéditions lointaines ; aussi le trouve-t-on préconisé par lui avec ardeur, dès l'entrée de l'Allemagne dans la politique coloniale. Ses déclarations sur ce point, pendant le cours de l'année 1884, soit au sein du Reichstag, soit dans la presse officieuse, sont formelles (1). La politique coloniale allemande, écrit le Dr Heimburger, s'est posé ce principe « que le drapeau allemand doit suivre le commerce national et non le précéder » (2). Et de fait, si nous examinons l'origine des possessions de l'Empire sur le continent africain, nous voyons qu'à l'exception de Togo et de Cameroun, où l'action de l'Etat s'est toujours exercée d'une manière directe, toutes les autres colonies allemandes ont eu pour point de départ une entreprise privée et

(1) *Collection des discours du prince de Bismarck*, t. XI, *passim*.

(2) « Dass die nationale Flagge dem nationalen Handel folgen, nicht demselben voraneilen müsse ». *Der Erwerb der Gebietshoheit*, p. 59. — Sur la politique coloniale allemande, v. Stengel, *Die Staats und volkerrechtliche Stellung der deutschen Kolonien* et *Die deutschen Schutzgebiete*. — D'Orgeval, Les protectorats allemands, *Annales de l'Ecole libre des Sciences politiques* 15 Oct. 1890. — Geffcken, le traité anglo-allemand du 1er juillet 1890, *Rev. de dr. int.* t. XXII, p. 587 et suiv. — Lavisse, *La vie politique à l'étranger* 1889, p. 29 et suiv., et 1890 p. 35 et suiv. — Leroy-Beaulieu, les Compagnies privilégiées, *Economiste*, 25 avril 1891.

ont été administrées ensuite par des Compagnies privilégiées. C'est sur les instances réitérées, on s'en souvient, de la Société de Barmen d'abord, de M. Lüderitz ensuite, que le Chancelier se décida à étendre la protection de l'Empire sur les territoires du Namaland et du Damaraland. Mais presque aussitôt il déclarait au Reichstag : qu'il « laissait le soin du développement des colonies à l'énergie des négociants qui les avaient établies. L'Allemagne suivrait l'exemple de l'Angleterre, en accordant à ses négociants quelque chose comme les chartes royales, jadis conférées à la Compagnie des Indes » (1). Et cette déclaration était suivie de la création de la Société coloniale de l'Afrique Sud-occidentale. D'après l'article Ier de ses statuts, elle a pour but « de prendre à sa charge, moyennant achat, les territoires et les droits acquis par M. Lüderitz dans le Sud-Ouest de l'Afrique et qui sont placés sous le protectorat de l'Empire allemand, de les agrandir par de nouvelles acquisitions, de rechercher par des expéditions et des explorations les terrains propres à la culture ou renfermant des richesses minières, d'y préparer des établissements commerciaux et industriels et la colonisation allemande, de faire les travaux de toutes sortes qu'exige leur exploitation, de les exploiter elle-même, ou de les faire exploiter par d'autres, de faire valoir la propriété particulière et enfin *de se charger de l'exercice des droits de souveraineté, dans la mesure où ces droits sont délégués à la Compagnie sur son domaine* » (2).

Le même procédé d'acquisition reparaît pour les territoires de l'Est africain. Nous voyons d'abord le

(1) *Collection des discours du prince de Bismarck*, t. XI, p. 231.

(2) Stengel, *Die deutschen Schutzgebiete*, p. 129.

Dr Peters, agissant comme mandataire de la *Gesellschaft für deutsche Kolonisation*, Compagnie commerciale privée, se faire céder par une série de conventions avec les chefs indigènes de la côte (nov. et déc. 1884) les territoires d'Usagara, Nguru, Usuguha et Ukami (1); puis, sur la demande de la Compagnie, le gouvernement intervient et ratifie ces conventions. C'est lui désormais qui est réputé avoir traité avec les chefs indigènes, et les territoires cédés deviennent sa propriété. En même temps, il délivre à la *Gesellschaft für deutsche Kolonisation* une charte l'autorisant à exercer en son nom ses nouveaux droits de souveraineté territoriale (17 février 1885), et la Compagnie prend le titre de *Deutsche Ostafrikanische Gesellschaft.*

Que reste-t-il aujourd'hui du plan adopté à l'origine par le prince de Bismarck? Le 30 janvier 1889, le Chancelier s'exprimait encore ainsi devant le Reichstag : « Les avantages, que la protection de l'Empire assure à ceux de ses sujets qui veulent coloniser des pays non civilisés dans d'autres parties du monde, consistent principalement dans le fait de garantir le territoire à coloniser contre des troubles ou des attaques provenant d'autres puissances coloniales. L'intervention de l'Empire ne peut dans la règle avoir lieu que vis-à-vis des puissances étrangères, tandis que le soin

(1) Même remarque, au sujet de ces conventions, que celle faite précédemment pour les traités analogues conclus par l'Association internationale du Congo. Bien qu'elles fussent conçues dans les termes les plus larges, et que les cédants aient déclaré abandonner à la Compagnie allemande tout à la fois leurs droits de propriété privée et leurs droits de souveraineté, la Compagnie n'avait qualité que pour acquérir les premiers de ces droits. V. *contrà* Stengel, *Die Staats und volkerrechtliche Stellung der deutschen Kolonien*, p. 11 et suiv.

de triompher de la résistance des sauvages indigènes et de surmonter d'autres obstacles naturels et locaux, inhérents au pays, continue à incomber à ceux qui ont entrepris la colonisation. » Mais au moment même où le prince de Bismarck énonçait ce principe, il était loin de s'y conformer. Le discours, dont nous venons de citer un extrait, n'avait en effet d'autre but que d'obtenir du Reichstag les crédits nécessaires pour envoyer des troupes dans l'Est africain. Il s'agissait de secourir la Compagnie de l'Afrique orientale dont les agents venaient d'être massacrés, les stations pillées et incendiées par les indigènes (1).

L'année 1890 marque une évolution complète dans la politique coloniale allemande. Depuis quelque temps déjà, le Dr Fabri avait démontré l'insuffisance du programme de 1884; il réclamait énergiquement l'administration et la défense des colonies par l'Empire lui-même, la création d'un office impérial spécial et la formation d'une armée coloniale (2). Ses idées ont fini par prévaloir. Désormais, c'est l'Etat qui se chargera des intérêts coloniaux allemands, qui en assumera la responsabilité et la direction. Le successeur du prince de Bismarck, M. de Caprivi, a profité de la dernière discussion au Reichstag du budget des affaires étrangères, concernant les possessions de l'Afrique orientale, pour esquisser à grands traits la nouvelle politique de son gouvernement. « Nous voulons prendre en mains l'administration comme une administration impériale immédiate ou, si l'on peut s'exprimer ainsi, bien que le mot soit tout à fait étranger à la constitution de l'Empire allemand, nous voulons administrer

(1) Rolin Jaequemyns, L'année 1888 au point de vue de la paix et du dr. intern., *Rev. de Dr. int.*, t. XXI, p. 167 et suiv.
(2) V. *Fünf Jahre deutschen kolonial Politik.*

le pays comme colonie de la couronne. M. Bamberger nous a reproché de rompre avec notre passé. Il se peut qu'il ait raison, mais les circonstances nous y forcent. Obéissant à la nécessité, non à notre propre penchant, nous appliquons l'administration impériale immédiate, parce qu'autrement on n'arriverait vraisemblablement à rien faire de l'Afrique orientale » (1). On laissera cependant encore à l'initiative privée le soin de prendre possession. « Je m'en tiens sur ce point, a dit M. de Caprivi, au principe qu'a formulé mon prédécesseur, il faut d'abord qu'il y ait quelque chose à protéger, alors nous enverrons de la troupe. » Mais si l'Etat ratifie les acquisitions de ses sujets, il n'abandonnera plus à un mandataire l'exercice de sa souveraineté.

C'est à l'incapacité notoire dont ont fait preuve les grandes Compagnies allemandes, qu'il faut attribuer ce changement de vues. A la suite des troubles rélatés plus haut, il ne restait à un moment donné à la Compagnie de l'Afrique orientale que la station de Mpuapua, et le gouvernement fut obligé de se substituer à la Compagnie pour réprimer le désordre et reconquérir ses domaines. Cette mesure, qui devait être purement transitoire, est devenue définitive. Forcée de reconnaître elle-même son impuissance à administrer les territoires qui lui avaient été confiés, la Compagnie a dû abandonner au gouvernement, par convention signée en octobre 1890, l'ensemble des prérogatives qui lui appartenaient en vertu de sa charte. Elle reste encore chargée des travaux publics : balisage, éclairage des eaux de la côte, exploitation des mines et chemins de fer ; mais elle a perdu tout droit poli-

(1) Séance du 5 février 1891, v. *le Temps*, 7 fév. 1891.

tique, elle rentre dans la catégorie des Sociétés particulières (1).

La Compagnie du Sud-Ouest de l'Afrique n'a pas mieux réussi. Après avoir retracé devant le Parlement l'état de colonisation et de culture du Damaraland et du Namaland, M. Bamberger a démontré que les résultats acquis étaient absolument négatifs. Le capital de la Société est à peu près anéanti, sa dissolution est imminente ; le gouvernement est déjà intervenu et a envoyé à Angra Pequena un commissaire impérial.

En résumé, « l'Allemagne a rompu définitivement avec le système hybride des Compagnies douées de droits souverains. Tous les protectorats allemands sont aujourd'hui de fait colonies de la couronne » (2).

Si le succès des grandes Compagnies anglaises de l'Afrique n'a pas répondu jusqu'ici, d'une manière complète, à leurs efforts, on doit reconnaître cependant qu'à l'inverse des Sociétés allemandes, elles sont douées d'une certaine vitalité. Le prince de Bismarck n'avait fait qu'emprunter à l'Angleterre ses procédés de colonisation ; nous retrouvons donc ici le système de l'occupation primordiale par de simples particuliers, suivie de la ratification par l'Etat avec délégation de l'exercice des droits de souveraineté. Prenons par exemple la *Royal Niger Company*. Avant d'être élevée au rang de Compagnie privilégiée, elle portait le titre de *National African Company* et n'avait qu'un caractère privé ; elle avait succédé à

(1) La colonie, depuis la dissolution de la Compagnie, a été administrée successivement par un gouverneur militaire, le major de Wismann, puis par un gouverneur civil, le baron de Soden, à partir du 1er avril 1890.

(2) Geffcken, *Rev. de dr. int.*, t. XXII, p. 602.

toute une série de Sociétés du même genre : l'*United African Company*, la *Central African Company*, la *West African Company*, la Société fondée par Alexandre Muller frères de Glascow, qui peu à peu s'étaient fusionnées. L'initiative privée s'était donc largement exercée sur la côte occidentale d'Afrique, et notamment sur le cours inférieur du Niger, avant la concession de la charte du 10 juillet 1886. Toutefois, la ratification a été ici antérieure à la délégation de la souveraineté, et le gouvernement anglais considérait déjà, depuis un certain temps, comme siennes les acquisitions réalisées par ses sujets sur ce point du continent africain. Il suffit, pour s'en convaincre, de parcourir les déclarations de Sir Edward Malet, au sein de la Conférence de Berlin, relativement à la liberté de la navigation sur le Niger.

Nous n'insisterons pas davantage sur cette première différence entre les Compagnies anciennes et les Compagnies modernes de colonisation. Une autre différence réside dans la nature des privilèges octroyés par la charte.

On comprend aisément qu'il n'existe pas de type uniforme de charte. La teneur de la charte varie suivant le gouvernement qui la concède, suivant le pays pour l'exploitation duquel elle est concédée. Cependant toutes se ressemblent plus ou moins dans leurs grandes lignes. Nous étudierons principalement les deux plus récentes : celle de *la British South African Company*, et celle de la Compagnie portugaise du Mozambique (1).

(1) On trouvera le texte de ces deux chartes dans les Annexes IV et IX au *Rapport sur la question des Compagnies de Colonisation* présenté devant le Conseil supérieur des Colonies.

Les privilèges accordés peuvent se diviser en deux catégories : 1° avantages économiques et fiscaux, 2° droits politiques, administratifs et judiciaires.

1° *Avantages économiques et fiscaux.* Les Compagnies souveraines du XVIIe siècle jouissaient la plupart du monopole exclusif du commerce en général, les chartes actuelles le proscrivent formellement. Pour certaines parties de l'Afrique on se heurterait en effet à un obstacle juridique, l'*Acte général* de Berlin ayant proclamé la liberté du commerce dans le bassin du Congo, celui du Niger et de ses affluents. Quant aux territoires où aucun engagement diplomatique ne s'oppose à l'établissement d'un semblable privilège, on a pensé avec raison qu'il serait plus nuisible que profitable au développement des pays nouvellement occupés. « Rien dans la teneur de notre présente charte ne devra être considéré comme autorisant la Compagnie à instituer ou accorder un monopole commercial quelconque... » (charte anglaise, art. 20) (1). Mais si le monopole exclusif du commerce est refusé aux Compagnies, on leur accorde, comme autrefois, d'autres privilèges économiques, d'autres monopoles indispensables à leur prospérité : droit exclusif de construire et d'exploiter les routes, chemins de fer, canaux, etc., et, d'une manière générale, droit de faire tous travaux publics ou d'utilité publique ; droit exclusif de rechercher et d'exploiter les mines et carrières, de défricher les forêts, de se livrer à la pêche des perles et du corail, à la chasse à l'éléphant ; droit de fonder des banques et d'émettre des actions, d'établir des taxes sur l'entrée, la sortie, ou le transit des marchandises ; concession de la propriété privée d'une partie

(1) Cpr. charte de la *Royal Niger Company*, art. 14, Annexe III au Rapport précité.

des territoires qui peuvent être considérés comme *res nullius*, droit exclusif d'acquérir les parties du sol occupé par les indigènes, etc. (art. 24 de la charte anglaise et 21 de la charte portugaise).

2° *Droits politiques.* Ils se résument en un pouvoir général d'administration conféré aux Compagnies. Leurs agents remplissent le rôle d'officiers de l'état civil. Les Compagnies sont chargées de pourvoir à l'instruction des habitants et d'établir des écoles d'instruction primaire (art. 8, chart. port.) ; elles doivent maintenir l'ordre et la tranquillité dans les territoires concédés et, à cette fin, elles ont le droit de créer et d'entretenir un corps de police qui constitue une véritable force militaire (ch. angl. art. 10, ch. port., art. 6). Les agents et officiers de la Compagnie jouissent des mêmes prérogatives que les fonctionnaires de la même classe de l'Etat, quand ils se trouvent en service concurremment avec eux. Relativement à l'exercice de la justice, la situation de la *South African Company* diffère entièrement de celle de la Compagnie du Mozambique. La Compagnie anglaise est chargée d'instituer tous les tribunaux, de nommer les magistrats, en un mot de rendre elle-même la justice, sous la seule obligation, en ce qui concerne les indigènes, « de respecter soigneusement les coutumes et les lois de la classe, tribu ou nation auxquelles les parties appartiennent respectivement.... » (art. 14 et 22 *in fine*) (1). Dans la charte de la Compagnie portugaise, au contraire, il est stipulé que c'est le gouvernement lui-même qui, après entente avec la Compagnie, décrétera l'organisation judiciaire des territoires de la concession, et « les magistrats et offi-

(1) Cpr. charte de la *Royal Niger Company*, art. 8 et 16.

ciers de justice, qui y fonctionneront, seront nommés par le Roi et payés par l'Etat. » (art. 7). La délégation de l'exercice des droits souverains est donc ici moins complète. En revanche, la charte reconnaît à la Compagnie du Mozambique le droit assez exorbitant de lever des contributions sur les habitants quels qu'ils soient : indigènes, nationaux et étrangers, droit dont nous ne trouvons nulle trace dans la charte anglaise.

En retour de ces privilèges, les Compagnies sont astreintes à de nombreuses obligations. Nous nous bornons à citer les principales : obligation de réprimer la traite ; d'abolir progressivement l'esclavage ; de réglementer le trafic des spiritueux, des armes à feu et des munitions de guerre ; de respecter la liberté des cultes et les pratiques religieuses des indigènes non contraires à l'humanité ; obligation de supporter tous les frais de police et d'administration ; de choisir, parmi les nationaux, les directeurs et la majorité des agents chargés de fonctions administratives, militaires ou judiciaires. Enfin, toute une série de clauses vise les rapports de la Compagnie avec l'Etat ; ils reposent sur le principe suivant : l'Etat souverain domine la Compagnie. Son intervention peut se manifester de deux manières, soit sous la forme d'une autorisation ou d'une ratification sans laquelle certains actes ou engagements de la Compagnie ne sauraient être définitifs ni valables, — c'est ainsi que les traités passés par la Compagnie avec les chefs indigènes doivent être soumis à l'approbation de l'Etat (ch. angl. art. 4 et ch. port. art. 2) ; — soit sous la forme d'un contrôle permanent. « Le gouvernement nommera un commissaire royal auprès de la Compagnie, lequel assistera à toutes les séances des conseils d'administration et de contrôle où il aura voix consultative, et prendra part à tous les actes administratifs. » (Ch.

port. art. 18). D'après la charte anglaise (art. 8, 9, 10, 20), ce contrôle sera exercé par le secrétaire d'Etat, et ce dernier pourra même, s'il le juge convenable, nommer un directeur gérant, *Official Director* (art 25, § 4).

Les deux chartes que nous venons d'étudier sont concédées pour une durée de 25 ans. L'Etat se réserve le droit de révoquer la charte avant l'expiration du terme si la Compagnie manque à ses engagements.

§. III. — *Que faut-il penser de l'emploi des Compagnies privilégiées en matière de colonisation?*

Cette analyse, forcément incomplète, mais suffisante du moins pour nous donner une idée du mécanisme des Compagnies privilégiées, nous permet d'apprécier leur valeur et leur utilité. Méritent elles vraiment les éloges enthousiastes que leur décernent d'ardents défenseurs, chaque jour plus nombreux ? La grande Compagnie est-elle, comme certains l'ont prétendu, un instrument incomparable pour l'exploitation et l'organisation politique des territoires déserts ou habités par des peuplades barbares ?

A n'envisager que la première de ces deux missions : mise en valeur de pays absolument neufs où le commerce et l'industrie ne se sont pas encore développés, l'action des Compagnies, substituée à celle de l'Etat, paraît offrir une utilité indiscutable. L'Etat ne possède ni l'outillage, ni les capitaux qu'exigent la construction de routes, de chemins de fer, de ports, de canaux, le défrichement des forêts, les plantations et aménagements propres à la culture, l'exploitation des mines, etc. Aussi ne saurait-on trop favoriser dans les colonies naissantes la création de Sociétés minières, agricoles, ou de travaux publics, en leur accordant certains avantages, primes ou indemnités, concessions territoriales, etc. Pour que les capitalistes consentent à courir les risques d'un placement lointain, il est nécessaire qu'ils obtiennent des garanties et l'espoir d'une rémunération proportionnée à ces risques. Mais l'action des Compagnies doit se borner, croyons-nous, à être purement économique, et c'est l'Etat seul qui doit se charger de pourvoir à l'administration et à la défense de la colonie.

L'expérience nous l'a, en effet, malheureusement démontré trop souvent : les Compagnies chargées d'exercer des droits de souveraineté ne savent pas user avec sagesse et modération d'une autorité aussi étendue. En vain les gouvernements entourent-ils la concession de la charte de précautions destinées à assurer aux indigènes une protection efficace, à forcer les Compagnies à respecter les droits des ressortissants des autres puissances et les engagements diplomatiques. Distribuer aux actionnaires le plus gros dividende possible, telle a été, telle sera le plus souvent leur unique et constante préoccupation, et, pour atteindre ce but, elles se soucient médiocrement des considérations de droit et d'humanité. Veut-on une preuve, entre tant d'autres, de ce que nous avançons? Il n'est pas besoin pour la trouver de remonter bien loin en arrière. La charte de la *Royal Niger Company* porte article 15 : « La Compagnie sera soumise à l'exécution, l'observation et l'entreprise de toutes les obligations et stipulations relatives au fleuve du Niger, à ses affluents, ses branches, ses bouches, ou aux territoires qui l'avoisinent, ou bien à ceux situés en Afrique, qui sont désignés et visés par Nous dans l'*Acte général* de la Conférence des grandes Puissances à Berlin, en date du

26 février 1885... » Les obligations, auxquelles la charte fait allusion, sont l'objet du chapitre V de *l'Acte général*; il établit de la manière la plus formelle la liberté complète de la navigation sur le Niger et ses affluents. Comment la *Royal Niger Company* s'est-elle conformée aux décisions de la Conférence? Comment s'est-elle conformée à l'article 15 de sa charte, qui lui enjoignait en termes exprès de respecter ses décisions? En entravant par tous les moyens possibles la marche de la mission française organisée par le syndicat du haut-Benito, et qui devait, sous la conduite du lieutenant Mizon, pénétrer aux environs du lac Tchad par le Niger et la Benoué, son affluent (1). Cette mission avait cependant un but exclusivement commercial et scientifique; mais la Compagnie anglaise avait un intérêt capital à l'empêcher de réussir et d'ouvrir dans l'Afrique centrale de nouveaux débouchés au commerce français.

Si les Compagnies ne respectent pas les droits des ressortissants des puissances civilisées, *à fortiori* ne respecteront-elles point les droits des indigènes. La justice peut-elle s'exercer d'une manière impartiale dans les territoires soumis à l'administration d'une Compagnie privilégiée, alors que la Compagnie est presque toujours intéressée dans les litiges pendants, et que les magistrats appelés à les trancher ne sont autres que ses agents, tout entiers sous sa dépendance et à sa dévotion? Une Compagnie, à laquelle on reconnaît le droit d'établir des impôts de capitation, ne sera-t-elle pas tentée, suivant une expression énergique, « d'extraire son dividende des populations indigènes? » Les exactions de ses agents arrivent parfois à un tel degré de violence qu'elles finissent

(1) Lavisse, *La vie politique à l'étranger* 1890, p. 407 et suiv.

par exaspérer les habitants. Le prince de Bismarck, dans sa dépêche du 6 octobre 1888 au consul général d'Allemagne à Zanzibar, constate que les allures hautaines des employés de la Compagnie de l'Afrique orientale, « leur mépris du droit des indigènes, leurs procédés violents et l'imprudence avec laquelle ils ont fait appel aux matelots de la marine impériale pour appuyer des exigences aussi injustes qu'impolitiques, ont provoqué l'explosion de colère dont plusieurs de ces malheureux agents ont été victimes » (1). De plus la Compagnie dispose d'une force armée destinée à sa défense. N'y a-t-il pas lieu de craindre que la détournant de son but, elle ne l'emploie à des expéditions aventureuses où elle engagera bon gré mal gré le drapeau national et forcera l'Etat à intervenir?

On nous objectera, il est vrai, que l'Etat se réserve un droit de contrôle sur les agissements de la Compagnie. Mais, dans bien des cas, ce contrôle, minutieusement réglé par la charte, ne reste-t-il pas purement nominal? Il figure pour le principe, pour rappeler à la Compagnie que les droits de souveraineté dont elle jouit, elle les exerce en vertu d'une délégation. En fait, l'Etat intervient le moins possible; et il ne saurait en être autrement, sinon on verrait à tout instant des conflits s'élever entre le gouvernement et la Compagnie. D'ailleurs, celle-ci devient souvent une véritable puissance avec laquelle la métropole se voit obligée de compter. Labordère considère comme un grand avantage que la Compagnie compte à sa tête des hommes considérables ; il cite la *South African Compagny* dont les directeurs et administra-

(1) Rolin Jaequemyns, *loc. cit.*

teurs, Cecil Rhodes, le duc d'Abercorn, le duc de Fife, etc., sont tous membres du conseil exécutif et du Parlement de la colonie du Cap (1). Pour notre part, nous y voyons un réel danger ; nous l'avons fait ressortir en exposant le conflit anglo-portugais.

En regard de tous ces inconvénients, quelle utilité peut-il y avoir à attribuer aux Compagnies un rôle politique? « Une Compagnie à charte emploie moins de fonctionnaires que n'en emploierait l'Etat; elle exige de chacun une plus grande somme d'aptitudes et de travail. Ses agents, soustraits aux fluctuations de la politique, restent longtemps aux mêmes postes, chose d'autant plus nécessaire que les conditions de la vie dans le pays dont il s'agit sont très spéciales » (2). Ceci, nous le concédons volontiers. La Compagnie, ajoute-t-on, est un rideau, un écran, qui sert à masquer l'action gouvernementale, elle a pour elle la souplesse et la multiplicité des ressorts, « elle fait beaucoup avec rien ou peu de chose, elle crée des installations sommaires et efficaces, elle se glisse et s'insinue dans le silence, sans que les Parlements retentissent de demandes de crédit et des discussions qui en sont inséparables » (3). Oui, jusqu'au jour où la Compagnie, soit par imprudence, soit par calcul, se place dans une situation si périlleuse que le gouvernement se voit obligé d'intervenir pour la sauver d'un désastre qui rejaillirait sur la métropole. Il faudra bien à ce moment s'adresser aux Chambres pour obtenir des crédits, et affronter des discussions plus que jamais irritantes.

(1) Les grandes Compagnies anglaises de notre temps, *loc. cit.*, p. 353.

(2) Labordère, *loc. cit.*, p. 352.

(3) Leroy-Beaulieu, les Compagnies privilégiées, *Economiste*, 25 avril 1891, p. 482.

Enfin l'Etat reste-t-il vraiment libre, — c'est là un avantage que quelques-uns ont fait valoir, — de dégager sa responsabilité en désavouant purement et simplement les actes de la Compagnie, dans le cas où elle aurait commis des abus de pouvoir, violé des engagements diplomatiques, suivi en un mot une politique capable de susciter des conflits avec les puissances étrangères ? Une pareille théorie ne saurait se soutenir sérieusement. Du jour où l'Etat délègue à une Compagnie l'exercice de ses droits souverains, il devient responsable de la manière dont elle usera de ce pouvoir. Les droits des tiers ont-ils été méconnus, y a-t-il lieu à réparation, à indemnité, ce n'est pas à la Compagnie seule que l'on pourra s'adresser, mais à l'Etat lui-même.

Tout bien considéré, nous persistons donc à penser que gouvernement intérieur et Compagnie ne sauraient être sans danger une seule et même personne ; et, ainsi que nous le disions plus haut, nous n'admettons qu'un seul type de Compagnie : la Compagnie de travaux publics, munie de certains privilèges, mais sans droits politiques. Elle se distingue des Compagnies métropolitaines du même genre en ce qu'ici la subvention, ou garantie d'intérêts, est remplacée par la concession de terres en toute propriété dans le pays mis en valeur. C'est le système qui fut soutenu par M. Léveillé, avec autant de talent que de netteté, au sein de la commission chargée par le ministre du commerce, de l'industrie et des colonies, de rechercher s'il n'y aurait pas lieu d'appliquer à nos possessions coloniales en Afrique le régime des Compagnies privilégiées (1). C'est également le système adopté

(1) La commission fut constituée au mois de Juillet 1890.

par l'Etat du Congo. Le 27 mars 1887, il concluait avec la *Compagnie du Congo pour le commerce et l'industrie*, Société anonyme belge, la convention suivante : La Compagnie s'engage à faire à ses frais, dans un délai de dix-huit mois, l'étude complète d'un chemin de fer reliant le bas Congo au Stanley-Pool, étude qui comprend le tracé de la ligne, les profils, les plans généraux des travaux d'art, des installations etc. (art. 1 et 2). Comme prix de cette étude, l'Etat concède à la Compagnie la pleine propriété de 150,000 hectares de terres à choisir parmi les terres vacantes appartenant à l'Etat et non occupées par les indigènes (art. 3). Enfin, après la remise de ces travaux, la Compagnie pourra réclamer, si elle le juge à propos, la concession de la construction de la ligne et son exploitation pendant 99 ans, avec de nouveaux avantages analogues aux premiers (art. 4 et suiv.) (1).

§ IV. — *De la création, en France, de Compagnies privilégiées pour la colonisation des territoires africains.*

L'essai tenté par la France aux siècles derniers de confier à des Compagnies privilégiées la colonisation de ses possessions de l'Inde n'a pas été jusqu'ici renouvelé. Toutes nos acquisitions coloniales, depuis le commencement de ce siècle, ont été soumises à l'action directe de l'Etat. En Afrique notamment, nous avons marqué notre prise de possession par « l'institution d'un représentant du Gouvernement, sous le titre de Résident ou de Commandant, dispo-

(1) V. le texte de la convention dans l'Annexe VIII au *Rapport sur la question des Compagnies de colonisation.*

sant d'une force armée plus ou moins considérable, investi de pouvoirs judiciaires analogues à ceux d'un juge de paix et généralement installé dans un poste fortifié » (1). Les Sociétés françaises, et elles sont malheureusement peu nombreuses, qui se sont développées sur le sol africain, n'ont jamais eu qu'un but commercial. Jamais elles n'ont reçu de charte d'investiture faisant d'elles les fondés de pouvoir du Gouvernement. L'opinion publique ne concevait pas qu'il pût y avoir quelque part un pouce de terre française où le gouvernement ne fut pas le Gouvernement français, l'armée, l'armée française, la justice, la justice française. Que le Gouvernement aliénât pour un temps, même relativement court, une part si petite qu'elle soit de la souveraineté nationale, voilà qui semblait incompatible avec nos idées.

Aujourd'hui, la grande Compagnie a rencontré chez nous d'enthousiastes panégyristes, et nous sommes à la veille d'entrer dans une voie nouvelle. Sans se laisser arrêter par les désastres qui ont marqué la chute des Compagnies allemandes, on n'a voulu voir que les succès remportés par quelques-unes des Compagnies anglaises. Mais ces succès, assez relatifs d'ailleurs, peuvent-ils nous servir d'enseignement, vu le peu d'analogie qui existe entre les mœurs politiques et commerciales de notre pays et celles de l'Angleterre?

Les travaux de la commission constituée par le ministre du commerce et des colonies avaient abouti au vote d'un projet de loi, ayant pour but de régler les conditions générales dans lesquelles le Gouvernement

(1) Dépêche de M. Jules Ferry, ministre des affaires étrangères, au baron de Courcel, *Livre jaune*, p. 52.

pourrait concéder par décrets certains avantages économiques, certains droits administratifs ou politiques, à de grandes Compagnies formées en vue de la colonisation.

Saisi de ce projet de loi, le Conseil supérieur des colonies en confia l'étude à sa deuxième section, et, celle-ci ayant adopté (1) des conclusions favorables à la création de Compagnies privilégiées, le Conseil vient de rédiger un projet ainsi conçu :

Projet d'avis.

Le Conseil supérieur des colonies saisi par le Gouvernement de l'examen d'un projet de loi relatif aux Compagnies de colonisation,

Sur le rapport de sa deuxième section et après en avoir délibéré.

A émis l'avis suivant :

L'essai du système de colonisation par Compagnies privilégiées est la conséquence naturelle de la participation de la France au grand mouvement d'expansion qu'entraîne l'Europe vers les pays nouveaux.

En présence de l'activité déployée par les autres nations dans l'occupation de ces territoires, principalement en Afrique, il est à craindre que la France ne se laisse distancer si elle ne s'assure pas dans le plus bref délai possible la possession effective des régions placées dans sa sphère d'influence.

(1) Séance du 11 mai 1891. La deuxième section avait elle-même choisi dans son sein une sous-commission chargée de l'examen détaillé du projet de loi et de la préparation du rapport. Elle se composait de M. le contre-amiral Vallon, président, et de MM. Revoil, chef du cabinet du ministre de l'agriculture, Meyer et Simon auditeurs de 1re classe au conseil d'Etat et Ronsin. Nous avons eu occasion de recourir souvent au rapport de la sous-commission, qui constitue un travail des plus nourris et des plus intéressants sur l'historique et le fonctionnement des Compagnies anciennes et modernes de colonisation.

Dans ces conditions, le Conseil estime que, si le Gouvernement juge à propos de soumettre au Parlement une loi organique sur les Compagnies de colonisation, les circonstances exigent qu'il n'attende pas pour agir le vote de cette loi, dont la discussion peut être fort longue, et qu'il use, sans tarder, des pouvoirs que la législation actuelle lui confère.

Le Gouvernement peut, en effet, en vertu de l'article 18 du sénatus-consulte de 1854, attribuer par décrets aux Compagnies de colonisation la plupart des droits et des avantages qui constitueraient utilement le privilège nécessaire à l'œuvre qu'on attend d'elles. Ces décrets devront être rendus en la forme de règlements d'administration publique.

En procédant ainsi, le Gouvernement n'innovera pas à proprement parler. Il ne fera que concentrer entre les mains d'une société puissante l'ensemble des concessions qu'il a jusqu'ici, en vertu de pouvoirs qui ne lui ont jamais été contestés, accordées à des concessionnaires distincts.

Le Conseil supérieur, après avoir discuté en détail les conclusions du rapport de sa deuxième section, examinant d'abord les dispositions qui peuvent être insérées dans les décrets de concession rendus dans la forme sus-visée, a déterminé de la manière suivante les garanties spéciales dont devrait être entourée la constitution des Compagnies privilégiées de colonisation, les avantages et les droits qui pourraient leur être concédés, les obligations à leur imposer en échange, enfin les mesures propres à réserver les droits de l'Etat et ceux des tiers.

§ I. — *En ce qui concerne les garanties à exiger pour la constitution des Compagnies de colonisation :*

1° Les Compagnies devront être constituées en sociétés commerciales.

2° Les sociétés ainsi constituées ne pourront contracter d'emprunt qu'après versement total du capital.

L'Etat devra contrôler rigoureusement la sincérité du versement exigé et des avantages particuliers stipulés en faveur des apports, ce contrôle n'entraînant, d'ailleurs, aucune garantie ni responsabilité quelconque de sa part ;

3° Le président et les trois quarts au moins des membres du conseil d'administration, les directeurs et agents généraux des Compagnies privilégiées de colonisation devront être français ;

4° Le Gouvernement veillera à ce que les Compagnies soient et demeurent toujours françaises. Leur siège social et leur siège principal devront être en France.

5° Les sociétés ou les particuliers qui auront déjà fait des établissements ou des explorations sur les territoires à concéder auront, autant que possible, droit de préférence pour les concessions.

§ II. — *Le privilège des Compagnies de colonisation pourrait se composer de tout ou partie des avantages ci-après déterminés :*

1° Le droit exclusif de propriété sur la partie inoccupée des territoires concédés, pouvant être considérée comme *res nullius*, sous la réserve des enclaves, voies d'accès ou de halage que l'Etat jugerait nécessaire de se réserver à toutes fins utiles ;

2° Le monopole des travaux publics et de leur exploitation ; de la recherche et de l'exploitation des mines et carrières ; de l'exploitation méthodique et régulière des forêts ; du commerce de l'ivoire, du corail, des nacres et perles.

Le tout sous la réserve des exploitations actuellement effectuées par nos nationaux et par les indigènes, toute idée de spoliation devant être nettement répudiée par le texte même du contrat :

3° La faculté pour chaque Compagnie d'établir une banque jouissant du privilège d'émettre des billets et de la monnaie métallique fabriqués dans la métropole ;

4° Le droit de percevoir des taxes d'entrée, de transit et de sortie sur les marchandises, et des taxes de péage. L'Etat fixera l'assiette et le tarif de ces taxes ;

5° Le droit de percevoir, en échange de services publics, sur les indigènes et colons des contributions en espèces ou en nature dont l'Etat, sur les propositions de la Compagnie, fixera la quotité, l'assiette et le mode de recouvrement.

§ III. — *Les Compagnies de colonisation pourront exercer tout ou partie des droits ci-après énumérés :*

1° Droit d'organiser l'administration rudimentaire de toute agglomération de colons qui viendrait à se former sur leur territoire;

2° Attribution, en vertu d'une commission spéciale du Gouvernement, des fonctions d'officiers d'état civil et d'officiers de police judiciaire aux agents de la Compagnie dans le ressort de leur résidence ;

3° Droit pour la Compagnie d'édicter des règlements de police soumis à l'agrément du Gouvernement.

4° Droit de constituer, dans le but d'assurer la sécurité intérieure de la colonie, une force de police européenne ou indigène dont le commandement appartiendra exclusivement à des Français et dont l'organisation sera soumise à l'agrément du Gouvernement;

5° Droit d'ouvrir et de conclure des négociations avec les chefs indigènes ou avec les Compagnies étrangères. Les traités ne deviendront définitifs qu'après ratification de l'Etat;

6° Droit de sous-céder tout ou partie des avantages concédés, sous réserve de l'approbation préalable de l'Etat.

§ IV. *Le décret de concession déterminera les obligations imposées aux Compagnies en échange des avantages concédés, notamment en ce qui concerne :*

1° L'exécution, s'il y a lieu, d'un programme de travaux publics ;

2° L'obligation de respecter la religion, les lois et les coutumes des indigènes, sauf en ce qu'elles ont de contraire à l'humanité ;

3° L'obligation de prêter leur concours aux mesures anti-esclavagistes.

§ V. — *En ce qui concerne les rapports de l'Etat avec la Compagnie :*

1° L'Etat agrée les directeurs et agents généraux des Compagnies privilégiées de colonisation. L'agrément pourra toujours être retiré ;

2° Il dresse, sur leurs propositions, le budget annuel de leurs dépenses d'administration, de police et de justice ;

3° Il désigne et rétribue un fonctionnaire placé en qualité de commissaire de la République auprès des Compagnies pour contrôler leurs actes. Les fonctions de commissaire pourront être confiées au gouverneur de la colonie voisine.

Le commissaire de la République rend la justice sur le territoire de la Compagnie dans les mêmes conditions que nos consuls en Orient et en Extrême-Orient ;

4° Les décrets de concession devront stipuler, d'une manière précise, la durée de la concession, les causes de déchéance et de résiliation et les conditions dans lesquelles les travaux exécutés par la Compagnie feront retour à l'Etat, à l'expiration du privilège ;

5° La durée des privilèges commerciaux ne pourra excéder trente années. Ils pourront être renouvelés.

§ VI. — *En ce qui concerne les droits des tiers :*

Dans le cas où les intérêts de nos nationaux seraient lésés par la constitution d'une Compagnie privilégiée, les décrets de concession, ou, à défaut, une commission spéciale détermineront les dédommagements qui pourraient leur être accordés.

CONCLUSION

Après avoir examiné, dans son rapport au ministre des affaires étrangères, l'ensemble des travaux de la Conférence de Berlin sur la question de l'occupation, M. Engelhardt terminait ainsi : « La troisième négociation que l'on vient de résumer a introduit dans le droit public moderne des règles nouvelles, qui, si restreinte qu'en soit l'application immédiate, créent peut-être pour l'avenir un précédent d'une portée considérable » (1). Lors des débats au sein de la commission, chargée d'étudier le projet relatif aux conditions de validité de l'occupation, M. le baron de Courcel avait également, sous une autre forme, reproduit la même idée (2). D'après lui, les gouvernements étendraient volontairement non seulement à *toute* prise de possession future, mais encore à leurs anciennes possessions, les règles de l'article 35.

Jusqu'ici, nous avons pu le constater, ces prévisions ne se sont malheureusement pas justifiées. Les Etats, pour la plupart, n'ont pas encore généralisé les principes posés par l'Assemblée de Berlin, du moins en ce qui concerne l'*effectivité* de la prise de possession. Bien au

(1) *Livre jaune*, p. 128.
(2) Annexe au Protocole VIII, p. 216.

contraire, le conflit anglo-portugais d'un côté, le partage africain de l'autre, sont venus démontrer qu'à l'heure actuelle les puissances colonisatrices entendaient toujours distinguer deux sortes d'occupations — l'une, soumise au régime de la Conférence de Berlin ; son domaine est aujourd'hui fort étroit, et cependant on peut supposer que l'un des territoires composant le littoral africain redevienne *territorium nullius* par suite d'abandon ; — l'autre, régie uniquement par le bon plaisir des Etats qui continueront à donner libre cours à leur arbitraire.

Toutefois, dans un temps assez rapproché peut-être, les puissances sentiront d'elles-mêmes le besoin de reprendre et de compléter l'œuvre de la haute Assemblée. A ce point de vue il était intéressant de connaître et d'analyser cette œuvre. La Conférence de Berlin est née, on s'en souvient, des conflits engendrés par l'activité colonisatrice des Etats européens au moment où elle se concentrait sur un même point du continent noir. La prochaine Conférence pourrait sortir des difficultés que rencontrera, dans son application, le partage politique de l'Afrique. Fait dans le but de supprimer à l'avenir toutes contestations, ce partage aura, croyons-nous, pour résultat de les multiplier.

TABLE DES MATIÈRES

Nancy, imp. R. Vagner.

www.ingramcontent.com/pod-product-compliance
Ingram Content Group UK Ltd.
Pitfield, Milton Keynes, MK11 3LW, UK
UKHW012207240726
13966UKWH00002B/632

9 782011 782083